旧制度与大革命

【法】托克维尔 著

吉家乐 编译

浙江工商大學出版社
ZHEJIANG GONGSHANG UNIVERSITY PRESS

图书在版编目（CIP）数据

旧制度与大革命 /（法）托克维尔著；吉家乐编译 .
— 杭州：浙江工商大学出版社，2018.6
　（世界经典译丛 / 吉海涛主编）
　ISBN 978-7-5178-2280-6

　Ⅰ.①旧… Ⅱ.①托… ②吉… Ⅲ.①法国大革命—
研究 Ⅳ.① K565.41

中国版本图书馆 CIP 数据核字（2017）第 161872 号

旧制度与大革命

［法］托克维尔 著　吉家乐 编译

责任编辑	沈敏迪　沈明珠
封面设计	思梵星尚
责任印制	包建辉
出版发行	浙江工商大学出版社
	（杭州市教工路 198 号　邮政编码 310012）
	（E-mail: zjgsupress@163.com）
	（网址：http://www.zjgsupress.com）
	电话：0571-88904980，88831806（传真）
排　版	北京东方视点数据技术有限公司
印　刷	北京彩虹伟业印刷有限公司
开　本	710mm×1000mm　1/16
印　张	18
字　数	200 千
版 印 次	2018 年 6 月第 1 版　2018 年 6 月第 1 次印刷
书　号	ISBN 978-7-5178-2280-6
定　价	52.00 元

出版说明

每一个优秀的民族在展望自己的未来时都会回望历史，从人类文明的足迹中寻找自己民族的出路。

在世界近代史上，1789 年法国大革命无疑是影响最为深远的大事件之一。法国大革命是研究前资本主义社会的绝佳史料，分析这段波澜壮阔的历史，我们将看到众多著名历史人物，太阳王路易十四、大金融家约翰·劳、拿破仑皇帝等。正如托克维尔自己所说："从来没有哪一桩历史事件能像法国大革命一样，开天辟地，源远流长。"

而在所有研究法国大革命的著作中，很难找到比托克维尔的《旧制度与大革命》更经典的书了。

出身法国贵族，曾任法国外交部部长的托克维尔，一生都致力于民主和自由的研究。其中，《论美国的民主》使得他在世界学术界享有卓越声誉。

而《旧制度与大革命》是托克维尔最后的著作，呕心沥血，耗时3 年。他视野开阔，纵论历史，从社会学、历史学、经济学、政治学等多个方面细细考究了法国大革命，为我们揭示了一个最真实、最深彻、最复杂、最宏阔的法国大革命真相。

他提出了一个个引发后人深思与体悟的"托克维尔之问"：为什么大革命偏偏发生在苛政最轻的法国和经济最繁荣的路易十六时代，

而不是另一个更加民不聊生的国家或者经济衰败的时代？为什么说中央集权体制并非大革命的创造，而是旧制度的体制？诸如此类。

在托克维尔看来，大革命从法国的旧制度中诞生，新社会的大厦是用旧制度的瓦砾建造的，因此，深入透析当时法国的政治、经济生活，有助于弄清大革命的来龙去脉。

托克维尔发现，大革命前夕，每一个法国人都陷入深深的孤立当中，只能以利益为单位结成一个个小集体，纠结于私利，而无心于公义。在孤独中陷得最深的莫过于无权无势的平民，尤其是农民阶层，他们被整个社会抛弃，陷入了集体失语，这最终让他们在沉默中爆发。

托克维尔的另一个惊人发现，是良好的革命意愿与失控的革命暴行之间的联系，"理论的和善与行为的强暴形成对比，这是法国革命最奇怪的特征之一"。

在法国大革命中，控制了舆论的知识分子充满理想主义精神，却严重脱离实际，他们对于伴随着革命而来的破坏连想都没想过。同样是因为愚昧，法国民众对这些听上去很美的理论言听计从、衷心拥戴，这导致了"多数人"的暴政，使得法国大革命充满杀戮和血腥。

《旧制度与大革命》从 1856 年首次出版，到 3 年后托克维尔去世，在法国印行 4 版，到 1934 年已印行 16 版。同时，在英国、德国以及大洋彼岸的美国也都非常畅销，自艾森豪威尔以来的每一位美国总统都引用过书中的话。它不仅文字优美，更是一本充满哲理的书。"历史是一座画廊，在那里原作很少，复制品很多。"托克维尔在书中如是说。中国社会正处于一个大转型时期，当下的社会现实与法国大革命时期虽然不同，但托克维尔揭示的道理却不能不引起我们的重视与借鉴。从历史的尘埃中，我们总能思考出普遍的哲理，指引我们的现在和未来。

前　言

　　关于法国大革命的历史，已经有人绘声绘色地书写过，我不愿意再写。我现在所创作的这部书绝不是为了讲述这一段历史，而是志在思考、研究、透视这一场大革命。

　　众所周知，1789 年的大革命是法国命运的分水岭，把过去与未来断为两截。

　　法国人民为此付出了巨大的努力，在过去与未来之间划出了一道鲜明的分水岭：他们视过去如毒瘤恶疾，唯恐将旧的东西带进新的天地；他们重新塑造自己，希望能与父辈迥然相异。

　　然而，我却始终认为，这样一番破旧立新的努力，并未取得外人所想象的或者他们自己最初设想的那般效果。我相信，尽管他们一直在尽力地使自己从旧制度中剥离出来，但不知不觉中，他们还是继承了旧制度下的很多感情、习惯与思想。我们甚至可以说，他们正是依靠这些旧制度的遗赠完成了这场摧毁旧制度的大革命。

　　尽管他们并不愿意这样做，但新社会的大厦的确是用旧制度的瓦砾建造起来的。所以，想要真正了解这场大革命，我们必须忘却今日所见之法国，将目光拉回到 1789 年以前，找到躺在坟墓中的旧法国，细致地解剖它、研究它。

　　这就是我在本书中试图做的事情。但是，当真正做这件事情的时候，我才发现这比我之前想象的复杂得多。

因为我们并不了解 18 世纪的法国——尽管我们自以为很了解。

我们有大量的著作深入研究罗马帝国、中世纪和文艺复兴的历史，我们不仅了解当时发生的各种事件，而且对这些不同时期的法律、习惯、政府精神和民族精神也了如指掌，但是从来没有人下同样的功夫来仔细研究 18 世纪的法国。

我们能看到它表面上那炫目的光彩，我们知悉那一时期显赫人物的历史细节，文学评论家们也让我们能够接触到那个年代著名作家的著作。但是，往深层次去，关于那个时代处理事务的方式、制度的确立与实施、各阶级之间的分界与隔阂、被人所漠视的阶级人民的境况与情感，还有当时的舆论风尚，我们有的只是一些模糊的甚至是错误的认知。

我想要做的，就是将手伸过去，深入那旧制度的心脏。幸好这并非一件不可能的事情，因为它离我们并不遥远，只是被大革命的分水岭生生隔开了。

为了达到这个目的，我不仅重新翻阅了 18 世纪所有的名著，还仔细研读了许多不那么著名——而且也确实不值得著名——的著作。这些著作虽然不那么精致，却更接"地气"，更真实地反映了当时的时代精神。

在我的阅读记录上，包括大革命前夕的所有公共文告，法国人曾在这些公共文告上畅所欲言，发表自己的见解和爱憎。我还阅读了省三级议会以及后来省议会的会议记录，从中得到了大量的启示。我还特别研究了 1789 年三个等级起草的陈情书。这份长达数卷的手稿简直可以看作是旧法国的绝命书，诉说着它的最高愿望和最终意志。

这是历史上独一无二的文件，但在我看来，它还不够。于是，我又把目光转向了浩如烟海的政府档案。

在一个行政权力集中的国家，每个人的思想、期望、痛苦、利害与情绪都逃不过政府的眼睛，它们最终会以档案的形式定格在国家的记忆中。所以，通览政府档案不仅能够让人精确解读一个政府的统治手段，更能让人一眼看穿整个国家的状况。试想，如果一个外国人有机会读遍内政部和各省案卷中的全部密件，他很快就能够了解我们，甚至远比我们自己更了解。

在这些卷帙浩繁的档案中，我们将会看到，18 世纪的政府权力已经非常集中，而且惊人的强大。它不断资助、阻挠或者批准某些事业，它给予很多，也汲取很多；它不断影响整个国家的发展方向，也干涉着每家每户甚至每个人的私生活；它是如此活跃以至于无处不在，但它又从不张扬，以至于人们不怕在它面前暴露自己最隐秘的缺陷。

我花了很长时间来研究巴黎和其他省份的政府档案，我相信我会有巨大的收获。

果然不出我所料，在这些档案中，我发现了旧制度鲜活的身影，我能看到它的思想、它的形态、它的激情和它的偏见。在这些档案中，每个人都自由地畅所欲言，讲述自己的故事，暴露自己最隐秘的想法。我从中窥探到了一个全新的旧时代，没有人能够拥有和我一样的理解，因为没有人能像我一样占有如此多的第一手资料。

随着研究的逐步推进，我的惊诧也与日俱增。我发现今日的法国完全就是昔日的投影，历史与现实处处都体现着令人瞠目结舌的共通点。我发现，那些原以为只可能来自大革命的感情、习惯与思想，竟然在大革命之前就已深深根植在法兰西的土壤中。

我研究的对象越是接近 1789 年，我就越能看到大革命精神的根源和脉络。这场革命的面貌在我面前全部展开，在这里，我发现了大革命中所有行为的动机，甚至发现了大革命漫长走向的前兆。

众所周知，大革命时代被划分成两个截然不同的阶段：一开始，法国人民狂热地试图摧毁过去的一切；之后，他们又开始恢复某些曾经被遗弃的回忆，就像沙漠中的河流突然变成暗流消失不见，然后突然在某个地方重新出现。旧制度的法律和习惯同样在1789年突然消失，然后又重新回到法国人的生活中。

而这一切，早在1789年之前就已经有了预兆，只是我们从未发现。

如果说原先我只看到了大革命宏伟的树冠，那么现在我已经清晰地看到了埋藏在1789年地平线下纵横交错的根系。

在这本书中，我致力于阐明这样的问题：这场大革命几乎在整个欧洲范围内同时酝酿，但是为什么偏偏首先在法国爆发；为什么这场大革命看上去是如此顺理成章，以及为什么君主制度会突然间垮台，而且垮得如此彻底。

当然，这部作品的思想深度与广度绝不会仅仅到此为止。如果我的时间和精力足够，我打算穿越大革命的波澜起伏，直接追溯法兰西民族的深层本性。

首先，我将和我的同胞们共同度过1789年年初的那段时光。那时候，他们的心灵还沉醉在平等与自由的理想中，他们不仅想要建立民主的制度，还要创造一个自由的社会；他们不仅要摧毁特权，还要确认普适的权利，并将其神圣化。

这个时代洋溢着青春、激情、骄傲、慷慨和真诚，尽管它曾走向歧路，但依然被人们怀念，并且在很长一段时期内，让所有与它为敌的人寝食难安。

我不会只是简单地描写大革命的进程，在此过程中我将进一步探究，为什么同样是这群同胞，最终却抛弃了他们最初的梦想，在成为世界霸主的梦想中忘却了自由，迷失了自我；我将探究究竟是哪些时间、哪些决策、哪些错误让法国人民屈服于一个比大革命所推翻的政府更加强大、更加专制的政府之下，自愿放弃以高昂代价夺取的自由，将权力重新交给一个集权的政府。

这个政府只留给人民画饼式的自由表象，它把人民的普选权标榜为人民主权，却不允许选举人了解真相，共同商量，自由选择；它把议会变成自己的应声虫，取消了国民的自治权，取消了权利的种种主要保障，取消了思想，取消了言论——它取消了大革命中用无数人的生命换来的胜利果实，却恬不知耻地标榜自己的伟大。

在时间跨度上，我将一直写到大革命差不多完成自己的使命、新社会已经诞生之时，然后，我就会将精力转移到考察这个社会本身。我将竭力分辨，它与大革命以前的社会有什么共通点，又有什么不同点，找出我们在这场历史波澜中得到了什么，又失去了什么。最后，我将试图从中推测出我们未来的走向。

迄今为止，我已经完成了第二部著作的其中一部分，但是它尚未成熟，还不便公之于众。我不知道我是否有精力去完成它，即便是我自己也无法预测这一点，因为个人的命运比民族的命运更加扑朔迷离。

我希望尽量以客观的态度写作这本书，但我不敢说其中没有倾注我的激情，毕竟这是一个法国人在谈论他的祖国，在思考他的时代，他怎么可能做到无动于衷？

同时我还要说明的是，在研究旧社会的每个部分时，我并没有把新社会彻底放在一边。

我的目的不仅是搞清楚法兰西这个病人究竟因何而死，我更要搞清楚他当初是否可能免于一死。我不是一个法医，而是一个医生，我试图在每个衰竭的器官内发现生命的规律，从而描绘出一幅精确的生命蓝图，为后来的人提供借鉴。

我在寻找那些早已失落但极为重要的美德——真正的独立精神、对伟大事物的欣赏、对崇高事业的信仰，同时在先辈身上看到这些美好品德的时候，我会用我的笔把它们突显出来。同样，每当我在我们自己身上看到那些曾经侵蚀过旧制度，而现在仍在折磨我们的弊病，我也会毫不留情地将它们揭露出来。

只有真正看到这些弊病产生的恶果，人们才会警惕这些病毒，以防它们重新作恶。

在此请允许我郑重声明：为了达到上述目的，我将不惜得罪任何个人、任何阶级、任何舆论和回忆，不管他们多么令人敬畏。

我会带着歉意去做这件事情，但我绝不会感到内疚，但愿那些即将因我的文字而感到不快的人能够理解我。

有人会认为我在书中表达出了对自由完全不合时宜的热忱，进而加以指责，他们会不停地告诉我，法国人早已不关心什么自由。

我只想请那些指责我的人回忆一下，我们对自由的热爱是否由来已久。早在 20 多年以前，当论及另一个社会时，我就已经论述过这个问题，因此，请原谅我在接下来的行文中逐字逐句地复述当初写下的那段文字：

尽管未来还在黑暗中摇摆，但有三条真理已经不言而喻。

第一条真理是，一股无名的力量正在驱使今天的所有人，这股力量可以被控制或者减缓，但绝不可能被战胜。这股力量的目的，就是要推动人们去摧毁贵族制度。

第二条真理是，最难摆脱专制制度的社会并不是贵族势力强大的社会，相反，恰恰是那些贵族制已经不存在或者已经存活不下去的社会。这个世界上的任何国家、民族莫不如是。

最后一条真理是，在第二条真理所叙述的社会中，专制制度所能产生的危害是最大的。因为专制是最能助长这个社会中所有弊端的制度，在强大的专制之下，这个社会必然会随着它们原来的方向继续不停地走下去。

在这样一种社会中，血统、阶级、职业和家庭的联系都将不存在，每个人都只关心自己的个人利益，个人主义膨胀到极致，公共道德被窒息。而专制制度不会和这种倾向做斗争，反而会让其畅行无阻，因为专制会夺走公民身上一切共同的感情、一切相互的需求、一切和睦相处的可能性和一切共同行动的机会。专制制度是一堵高墙，把人封闭在自己的生活和利益中。本来人们就已经只考虑自己，专制制度更让人们相互孤立；本来人际关系就已经浅薄炎凉，专制制度则让人们彼此冷若冰霜。

在这样一个社会中，一切都在毫无征兆地变化，每个人都费尽心思地往上爬，生怕自己掉下来；金钱成了区分地位的唯一标志，而且不断流动，金钱经过的每一个人和家庭的处境立刻会改变，逼得人们拼命地攫取财富。

不择手段的致富欲望、对买卖的极端嗜好、对物质利益的过度追求，成了那种社会中的普遍感情。这种感情渗透到每个阶级当中，甚至包括一些与金钱无缘的阶级。如果不能阻止它继续蔓延，整个民族都会在萎靡中衰亡。

但是，这种情感是专制制度最亲密的伙伴，它能让人们不再关注公共事务，一想到革命就恐惧战栗。只有专制制度能够带给人们庇护，听任贪婪横行，允许每个人竭尽全力地掠夺不义之财。

可以这么说，即使没有专制制度，这种情感也会很强烈，但是有了专制制度，这种情感便占据了统治地位。

相反，只有自由才是人类社会中种种弊端天然的克星，只有自由才能让社会不至于沿着斜坡一路堕落。事实上，只有自由才能使公民摆脱孤立，让他们相互接近，因为公民地位的独立性使得他们没有小团体可以依附，只能把自己融入整个社会中，并且在共同处理公共事务的过程中，学会相互理解，学会与人为善。

只有自由才能让人们摆脱金钱崇拜，摆脱毫无价值的琐事，让人们时刻意识到、感觉到祖国近在咫尺，又高于一切。只有自由能够激发人更强烈、更高尚的热忱，把人从享乐的梦境中惊醒，让人们拥有比升官发财更加伟大的理想。

是的，没有自由的民主社会依然可以富裕，可以强大，可以高雅，甚至可以辉煌；没有自由的民主依然可以造就良好的私人品德，甚至还会出现虔诚的基督徒，因为基督教最伟大的荣耀就是能在最恶劣的政府统治下造就最虔诚的基督徒，比如罗马帝国最残暴的时代。

但是，请听我说，我相信在这样的社会中绝对不可能拥有伟大的人民，而且我敢断定，在这平等而专制的社会体制下，人的心灵和精神永远得不到升华，只会不断下滑。

这些就是我在 20 年前所说的话，我相信，20 年来没有什么事情能够改变我当年的想法和说法。当人们渴望自由的时候，我表达了我对自由的崇尚；当人们摒弃自由的时候，我依然对自由保持着坚贞。

我相信，没有人会对此不以为然。

除此之外，我想恳请大家好好想一想，即使在这个问题上，我与大多数反对者其实也并没有太大实质上的分歧。假如一个民族拥有一切通往自由的美好品性，却心甘情愿奴颜婢膝，那么这究竟是一个怎样的民族啊？

我相信，这样的民族不可能存在。

我可以毫不谦虚地说，这本书的写作过程是一项浩大恢宏的工作，即使是那些很短的章节，也至少会耗费我一年多的研究时间。这本书涉及大量的注释，从中，读者可以找到出处和证据，如果某些读者觉得从这本书中获得了一些启发，并且想要更多的例证，请向我索取，我会另行提供更多。

目　录

宏观卷

法国大革命之本质、使命与功绩

·第一章·

大革命爆发之际，法国国内外如何看待它

本章导读

◎ 要判断历史事件，站在近处看，远不如站在远处看那样清晰准确。

◎ 法国大革命以前所未有的致命的手段、战术和准则，冲破了诸多帝国的阻碍，打碎了一顶顶王冠，唤醒了一个个民族，而且将这些民族争取到了自己这边！

◎ 一场伟大的革命一旦成功，那么催生这场革命的因由将慢慢被时间湮没，而这场成功的革命将因此变得难以考证、无从解密。

在欧洲历史上，没有哪一桩历史事件能像法国大革命一样，开天辟地，影响深远。它并非一朝一夕迸发的突然事件，它经历了一个漫长的酝酿过程，却依然没有多少人捕捉到它逼近的气息。对这场大革命，各国的君主、政治家、学者、人民，有人仇恨它，有人错解它，有人畏惧它，有人期冀它，有人感觉到它却又无视它、低估它，甚至还有人千方百计想要借它坐收渔翁之利。

法国大革命就在这样的背景下爆发，它"不惧危险，不抱悔恨，蔑视一切现有规则，蔑视一切常规手段，向着它的目的地奔去"。

法国大革命这一段历史对于哲学家、政治家们来说，有着非同寻常的警示意义。从来没有哪一桩历史事件能像法国大革命一样，开天辟地，源远流长，它经历了长时间的酝酿，它的爆发却依然超出了绝大多数人的料想。

就连伟大如腓特烈大帝①这般的天才，也未能预知这场革命。如果我们仔细地审视这位非凡的国王，就会发现，他一直是依照大革命的精神行事的，可以称得上是大革命的先行者，甚至可以说，他本身就是大革命的代理人。但是，当大革命酝酿成熟时，他没能辨认出来，他或许感受到了，却视而不见。当大革命终于爆发之时，它展现出来的是决然不同于历史上众多革命的独特面貌，或许正因为此，它当初才未被人们所察觉。

大革命不仅改变了整个法国，在国外，大革命同样万人瞩目。它的影响无处不在，它在各国人民心中播下了一粒种子，一粒新时代即将来临的期冀的种子，一粒变革与改良的希望的种子。但是，谁也猜不透、说不清大革命究竟应该是什么样子。

各国的君主、大臣们竟然没有哪怕一丝一毫的模糊预感。

---

① 腓特烈大帝

腓特烈大帝（1712～1786），普鲁士国王，博学多才，战功显赫，拿破仑赞其为"最伟大的将才"。在统治时期，他创造出一个与俄国、法国、奥地利并称欧陆四强的新普鲁士。

《自由引导人民》欧仁·德拉克洛瓦（法国）1798~1863

他们认为，革命只不过是一场周期性的疾患，无论哪个民族，无论何种体制，都难以避免被"感染"，所谓革命只不过是为他国的政治开辟了新的领域，别无其他。如果他们中的某些人偶然悟到了大革命的真谛，那也是无意的，没有人真拿它当一回事。

1791年，神圣罗马帝国皇帝利奥波德二世和普鲁士国王腓特烈·威廉二世在德国皮尔尼茨发布了《皮尔尼茨宣言》，他们宣告，法国君主制所面临的威胁乃是欧洲一切旧政权国家的共同威胁，他们与法国共处于危难之中。

然而，透过当时的秘密文件我们看到，他们虽然发出了这样的宣告，但就连他们自己都不相信这番话。他们的摇旗呐喊只不过是为了遮掩自己的真实意图，或者说是为了在众目睽睽之下粉饰自己的意图而已。

在他们看来，法国大革命只不过是一场转瞬即逝的地方性事件，他们要做的，是从中坐收渔翁之利。抱着这样的意图，他们结成了秘密的联盟，谋划算计，多方准备。猎物近在眼前，他们磨刀霍霍，既相互争夺，又相互牵连。他们的算计不可谓不周全，他们唯一没有算准的，就是即将发生的这场大革命。

在法国的另一端，英国人对自己的历史记忆犹新，长期的政治自由使他们更富于见识与经验，他们已经透过厚重的迷雾隐约捕捉到伟大革命迅速逼近的气息。然而，他们也未能认清大革命的形势，他们没能估量出法国革命即将对世界的命运、对英国自身的命运产生什么样的影响。

大革命即将爆发之时，英国著名农业经济学家阿瑟·扬正在法国游历，他意识到一场革命呼之欲来，但是他低估或者说错解了这场革命的意义，他甚至以为大革命有利于特权阶级。他说："如果这场革命会给贵族带来更多的优越地位，那我觉得它弊大于利。"

当时英国的另一位知名人物，保守主义的奠基者埃德蒙·伯克，对法国爆发的大革命抱着一种近乎仇恨的态度，可就连他在某些时刻也看不透大革命。他一度认为，大革命会削弱法国，直至将其引向灭亡。他是这么说的："法兰西的好战与善战将长久消失，甚至不复存在。未来的一代代人只能像古人一样感叹：曾经，我们高卢人以勇武著称。"

要判断历史事件，站在近处看，远远不如站在远处看那样清晰准确。让我们将目光收回到法国国内，在大革命爆发前夕，人们对这场革命将成就何种事业尚未有明确的认知。

我翻阅了大量的陈情书①，从中只找到两份陈情书表达出人民的惧怕恐慌心理，他们害怕的是高高在上的宫廷和王权会继续保持压倒一切的权势。三级会议②表现懦弱，让人无法寄予厚望。人们担心会遭受暴力，贵族阶层尤其感到不安。许多陈情书都提到这样一点："卫队应宣誓绝不将枪口瞄向公民，哪怕在骚乱或暴动

---

① **陈情书**

陈情书，指在三级会议中各等级代表递交的表达各自意愿的上书。

② **三级会议**

三级会议，是法国中世纪的等级代表会议。三级是指第一等级的教士、第二等级的贵族、第三等级的市民。1789年，路易十六召开了最后一次三级会议，正是此次会议引发了法国大革命。

的情况之下。"人们认为，只要三级会议可以正常地、自由地召开，那么所有弊端都能得到解决。虽然改革工程浩大，但并不十分艰难。

然而，法国革命最终还是按照自己的步调发展，就像魔鬼逐渐露出它独特而可怖的面孔。大革命摧毁了政治结构，废除了民事机构，继而又动摇了社会基础。它变革了法律，变革了风尚习俗，变革了语言，最终甚至要清算上帝本身。这场革命的风暴很快就蔓延出国界。就像当时的英国首相小威廉·皮特^①所担心的那样，法国大革命以前所未有的致命的手段、战术和准则，冲破了诸多帝国的阻碍，打碎了一顶顶王冠，唤醒了一个个民族，而且将这些民族争取到了自己这边！

这一切使得人们原来的观点发生了大转变。欧洲各国的君主与政治家们之前将革命视为各民族体制中的常事，而现在，他们不得不以新的视角来看待它。法国大革命与世界上一直以来发生的一切截然相对，但它又是那么普遍，那么可怕，那么令人费解，以至于人们在这一现象面前茫然若失，看不清也想不透。

有的人认为，这场大革命所迸发出的闻所未闻的威力似乎是无由而生的，而且将永续存在，人们无法阻止它，它也不会

---

①小威廉·皮特

威廉·皮特，是英国历史上一对著名的父子首相，父子二人同名，老威廉·皮特是英国第9位首相，小威廉·皮特是第14位首相，就任时仅24岁，是英国历史上最年轻的首相，也是在任时间最长的首相之一。父子俩均被视为英国最伟大的首相之一。

自动停下来，它最终会把人类社会带向彻底的崩溃。很多人都视大革命为魔鬼在世间的显灵，就像法国鼓吹君主制与教皇权的政治家德·梅斯特所言："法国革命有如恶魔。"甚至在当时一些作家的身上，我们都能看到这样一种带着宗教色彩的恐惧心理。

英国的埃德蒙·伯克惊呼道："法兰西岂止是丧失了旧政府，甚至可以说是丧失了一切政府。法兰西不仅成为人类的灾难与恐怖，更沦为屈辱与怜悯的对象。君主制被谋杀于坟墓中，从这座坟墓中走出来取而代之的是一个超越人类全部想象力的庞大而丑陋的恐怖怪物。这个怪物向着它的目的地奔去，不惧危险，不抱悔恨，蔑视一切现有规则，蔑视一切常规手段。谁要是对它的存在发出一个字的否定，便会被它狠狠踩在脚下。"

法国大革命到底是什么样的？它真的像当时当地的人们所感受的那样异于寻常吗？真如前人所说的那样奇特难解、改天换地、矢志革新吗？它的真正意义是什么？它的真正特点是什么？它产生了什么样的效果？它摧毁了什么，又创造了什么？

现在，正是研究与审视这些问题的最好时机。今天我们所处的时间点使得我们可以更好地观察与研究这一伟大的事物。我们离那场大革命已经相当远，远到只能轻微地感受那种革命者昂然的激情；同时，我们离这场大革命又仍是相当近，近到可以深入地剖析并解读那种引领大革命的精神。

如果再等若干年，人们将很难做到这些，因为一场伟大的革命一旦成功，那么催生这场革命的因由将慢慢被时间湮没，而这场成功的革命将因此变得难以考证、无从解密。

■ 政治广角

法国大革命——欧洲的飓风之眼

法国大革命牵动了整个世界特别是欧洲诸国的神经。欧洲各国对这场大革命紧张至极，这并非出于真心实意地关心，而是因为法国大革命的走向直接影响着欧洲各国的命运。

第一，自路易十四以来，法国便是欧洲大陆的中心，它的国内局势牵扯着欧洲各国的利益。

第二，同样从路易十四开始，法国王室便是欧洲王室的中心。法国王室及贵族阶层的命运，很可能就是欧洲其他国家王室及贵族不久之后的命运。特别是路易十六被推上断头台，这对于欧洲诸国王室而言，无异于重磅炸弹。

第三，法国王室一度是天主教廷的最大支持者，而王室的倾覆，以及大革命所展现出来的对教会、对宗教的仇恨，极大地震撼了欧洲的宗教世界。

第四，英国与法国多年来一直处于战争摩擦状态，法国自路易十四起，一直是欧洲大陆的霸主，作为强敌，英国有坐视之心，它希望法国在经历一场大革命后，实力被削减，从而给英国争霸创造机会。

第五，法国大革命前，其国力相比路易十四时期已经大大下滑，但大革命后，法国实力不减反增，迅速强大，这引起周边各国的警觉。而且，法国大革命有如新宗教一般，人人都在传播它的精神与信仰，这让欧洲各国大为惶恐，促使它们抱团组建同盟以抗衡法国。

　　正是这些错综复杂的关系，使得大革命时期的法国成为整个欧洲的飓风之眼。

·第二章·

大革命并非以推翻宗教权力和削弱政治权力为最终目的

◎ 法国大革命的目的绝不仅仅是变革旧政府，它更想废除旧的社会结构与制度。所以，它必须颠覆一切现存的权力，毁灭一切公认的势力，摒弃各种陋俗与旧传统，将那些经年累月培育出来的顺服遵从思想从人们的头脑中荡涤干净。

法国大革命曾经被贴上"反宗教"和"无政府主义"的标签，但托克维尔认为，这只是粗浅的表象。大革命要摧毁的并不是宗教本身，而是它所代表的政治制度，是它所霸占的最具特权、最有势力的地位；大革命所追求的也并不是"无政府主义"，而是推翻旧的政治制度、旧的社会结构与体制。

大革命打破一切旧制度后，便只有公民这一个阶级，这样的变革造就了表面上的平等，但这种表面上的平等反而更利于权力的集中和执行。原本分散于社会各阶层的权力聚合到中央政权的统一体中，形成了一个空前强化的新政权。这一点被各国君主所赏识并利用，他们开始仿效、借鉴，大力废除特权，使不同阶层趋向平等，将层层级级的权力全部收归统一于政府手中。过去法国大革命是他们的灾难，而现在它则成为他们的导师。

在法国大革命中，最先燃起并且最后熄灭的就是反宗教的激情。攻击教会是这场大革命的一个重要构成部分。即使是饱受奴役以换取安宁，即使已经失去了对自由的向往和热情，人们依然在反抗宗教。

伟大如拿破仑者，他甚至能够压制住法国革命的自由精神，却无法压制人们反基督教的秉性。即使在今天，我们依然可以看到一些人，他们以为，不敬上帝能够抵偿自己当初对政府大员小吏俯首帖耳的过失。他们抛开大革命精神中最为自由、最为高尚、最可自豪的一切，却守着不敬上帝的信念，自认为这才是忠于大革命的精神。

到了今天，人们不难明白，所谓反宗教，只不过是这场大革命中的一个小事件，是大革命一个明显却不恒久的暂时产物，它绝不是大革命的本身特性。

18 世纪的哲学带有一种深刻的反宗教性，这也是很多人将其视为大革命催化剂的一个主要原因。但是，如果我们对 18 世纪的哲学作一个深入的了解与观察，就会发现，它其实包含了两个截然不同的部分。

一部分是关于社会民事、政治法律以及所有革新的，比方说人人生而平等，应废除种姓、阶级、职业地位等一切特权，让人民享有主权，社会权力至高无上，统一规章制度，等等。这些主张与信条既可以说是大革命爆发的原因，同时也是大革命缔结的果实，从其后续的影响来看，它也是大革命最恒久最实在的伟绩。

另一部分就是关于教会的。18世纪的哲学家抵抗教士、等级、教会、教义，他们希望从根本上将教会摧毁殆尽。这样的一种哲学，产生于大革命的背景之下，当大革命摧枯拉朽一般清算旧制度时，它很容易被掩盖在大革命胜利的炫目光环之中。

我想强调的是，基督教之所以被仇恨，并不是因为它是一种宗教教义，而是因为它代表了一种政治制度；教士之所以被仇恨，并不是因为他们自命为来世事务的治理者，而是因为他们是现世的地主、官吏、征税者；教会之所以被仇恨，并不是因为它不能在即将建立的新社会中占有一席之地，而是因为在那个正被摧毁的旧社会中，它霸占了最具特权、最有势力的地位。

仔细想一想，时间已经证明并且每时每刻仍在证明这样一个事实：当大革命的政治业绩巩固下来之后，其反宗教的事业便终结了。大革命彻底粉碎了一切旧的政治制度，人们所憎恶的各种权力、压迫、阶级等都被一一制伏，它们所激发的深刻仇恨，也日渐退温。最后，当教士们从这些垮台的制度中日益抽离出来，我们可以看到，宗教重新回到人们的精神之中，其地位甚至更加稳固。

这样一种近乎怪诞的现象，并非法国所独有，自法国大革命

《跨越阿尔卑斯山圣伯纳隧道的拿破仑》雅克·路易·大卫（法国）1748~1825

之后，欧洲的基督教会纷纷重振勃兴。

如果以为民主社会必然与宗教为敌，那就大错特错了。无论是基督教还是天主教，它们与民主社会的精神，并不是绝对对立的。甚至，宗教的很多东西对民主社会大为有利。各个国家历代历史都表明，即便是已经消亡的宗教，在人们心中依然有其归宿，而很多的制度则倾向于打着尊重人们思想情感的口号，将人们往反宗教的路上推。

我对宗教的这一番议论，更适用于社会权力。

众所周知，法国大革命一举毁灭了社会等级制度和束缚人们的一切机构与习俗。很多人甚至认为，大革命的结果不仅仅是摧毁某方面的社会秩序，而是要摧毁一切社会秩序；大革命不仅仅要摧毁某个政府，而是要摧毁社会权力这个主体。他们认定，法国革命从本质上来说就是无政府主义。对此，我要说的是，这只是粗浅的表象。

在大革命爆发之后不久，一度被奉为革命派核心人物的米拉波①私下里给国王写过一些后来让自己声名扫地的信件，他在信中这样剖析：

"如果仔细比较一下新形势和旧制度，就会看到希望与慰藉。国民议会所制定的一些法令，尤其是最重要的那部分法令，其实是有利于君主政府的。取消高等法院，取消三级会议，取缔教会、

---

① 米拉波

米拉波（1754～1792），法国政治家，一度是法国大革命的核心人物。他是第一位入葬法国先贤祠的人，但因后来被发现曾收受国王的巨额酬金，并与国王频繁通信为之效劳，他的遗体被移出了先贤祠。

教士、贵族等特权阶级，这岂会是小事？一切都被打破之后，就只有公民这一个阶级，这样的变革，即使是路易十三时代极力主张专制主义中央集权制的首相黎塞留①，也会为此欢呼雀跃。因为这样的制度造就了表面上的平等，而这种表面上的平等反而更利于权力的集中和执行。多少专制政府梦寐以求的就是增强国王的权力与权威，而大革命在短短一年里就做成了他们想做而难以做成的事。"

有能力领导大革命的人就是这样理解这场大革命的。

法国大革命的目的绝不仅仅是变革旧政府，它更想要废除旧的社会结构与制度。所以，它必须颠覆一切现存的权力，毁灭一切公认的势力，摒弃各种陋俗与旧传统，将那些经年累月培育出来的顺服遵从的思想从人们的头脑中荡涤干净。正因为这些，法国大革命表现出一种明显且独特的无政府主义的表征。

但是，如果我们拂去这些残渣，拨开那道帷幕，就会发现一个让人震惊的庞大中央政权。在大革命之前，权力分散于整个社会的各层权力机构、阶级、职业、家庭、个人，等等。而现在，它们全部被吸引到一起，聚合到中央政权的统一体中。

自罗马帝国分崩离析以来，世界上还没有出现过一个能与之相似的政权，而法国大革命造就了这样一种新权力。这一新权力正是从大革命造成的废墟之中诞生的。不可否认，大革命建立的

---

① **黎塞留**

黎塞留（1585～1642），路易十三时期的法国宰相。他对内致力于恢复和强化被削弱的专制王权，对外则谋求法国在欧洲的霸主地位。他被称为法国历史上最伟大、最具谋略也最无情的政治家。

政府的确很脆弱，但是，与它所推翻的任何政府相比，这个政府要强大数倍。我们可以说，它是既脆弱又强大的。

米拉波穿透了日薄西山的旧制度的尘埃，洞察到这样一个简单却又难以理解的事实，他知道，旧制度被打破之后，将催生一个空前强化、空前庞大的新政权。这样的一个庞然大物，当时尚未被广大民众所察觉。但是，渐渐的，它的面目必然大白于天下。

今天，各国的君主们对此尤其关注，他们赞赏甚至羡慕这个庞然大物，就连那些之前与大革命格格不入甚至对之仇恨敌视的人们，在思想上也有了微妙的转变。他们在各自领域内大力废除特权，他们让不同等级融合在一起，使不同阶层趋向平等，用官吏取代贵族，以统一的制度取缔地方特权，用统一的政府替代层层级级的权力机构。

他们埋头于这样的革命事业之中。遇到障碍的时候，他们会借鉴法国革命所采用的方法与手段。必要时，他们甚至会鼓励穷人去抗衡富人，鼓励民众去抗衡贵族，鼓励农民去抗衡领主。可以这样说，法国大革命曾经是他们的灾难，而现在则是他们所信奉的导师。

■ 政治广角

西方的米拉波，东方的袁世凯

在法国大革命那个年代，米拉波是一位极富争议性的人物。他最初倾向于进步，善于雄辩，曾以第三等级代表的身份参加三级会议。他一度是法国大革命的核心人物。正是因为在大革命初期的贡献，他于1791年2月当选为国民议会的主席，两个月后，他因病去世，被葬入法国先贤祠，成为第一位入葬法国先贤祠的人。

但是，一年之后，他与宫廷的通信被发现，人们从中发现，这个先锋人物居然大要"两面派"，在代表第三等级的同时，竟然收受国王的巨额酬金，为宫廷献策效劳。因为这些"污点"事件，他的遗体被移出了先贤祠。

今天的法国先贤祠，门楣上镌刻着"献给伟人们，祖国感谢他们"，在这里安息的有伏尔泰、卢梭、雨果、居里夫妇、大仲马等法兰西英杰人物，而米拉波，这个"两面"的政治人物，在这里失去了一席之地。

西方的米拉波很容易让人联想到东方的袁世凯。这两个人物之间是如此相像。袁世凯在清末之时也曾创立新军，拥护新政，推动近代化改革，戊戌变法中亦有他的身影。1911年辛亥革命后，清帝退位，中华民国成立，袁世凯通过南北议和，窃取了辛亥革命的果实，一跃成为中华民国首任大总统。不久之后的1915年，袁世凯与日本签订了丧权辱国、臭名昭著的"二十一条"，继而悍然复辟，自称皇帝，定年号"洪宪"。

袁世凯的倒行逆施终于让人民看透了他的真面目，这个"中华民国之第一华盛顿"，竟然是一个独裁的封建暴君，是一个寡廉鲜耻的卖国贼。正如托克维尔所言，"人民不是傻子"，很快，蔡锷将军发起护国运动，洪宪王朝在各方势力打击之下仅仅闹了83天就被送进了坟墓。

白居易的《放言五首》中有云："周公恐惧流言日，王莽谦恭未篡时。向使当初身便死，一生真伪复谁知？"米拉波与袁世凯便是如此，他们的结局也表明：历史会给一个人定论，那些不顾社会历史发展而违背人民意志的人，终会被抛进历史的垃圾堆中。

·第三章·

大革命是一场以宗教革命形式
进行的政治革命

本章导读

◎ 大革命跨越一切国籍国界，形成了一个精神理念层面
上的共同"祖国"，任何一个国家的人都有可能成为它
的"公民"。

◎ 在某个时代，如果人们的观念尚未启蒙，那么即使是
普遍适用的思想，对于他们而言仍然是无法理解的；
而在另一个时代，便可能完全是另一番景象，同样的
思想，只是露出隐约的模样，人们就能迅速领悟并且
趋之若鹜。这也表明，一种思想要演进为一场革命，
其前提是人们的地位、习俗、风尚已经发生了某些变
化，人们已经有了一定的精神准备，唯其如此，这种
思想才能深入人心，传播久远。

法国大革命是以近似于宗教革命的方式进行的一场
政治革命。它和宗教一样，抽象地看待公民，超脱一切
国家、时代和社会形态。它的终极使命不单单是法国的

变革，更是整个人类的新生。正是因为有着这样的使命，这场大革命所迸发出来的热情与能量超越了历史上哪怕是最为激烈的政治革命。

法国大革命已经成为某种意义上的新宗教，尽管它的"教义"中无上帝、无礼拜、无来世，但它的使徒、信徒、布道者、受难者遍布全世界，人人都在传播它的信仰。

但凡国内革命，或者政治革命，它通常都是有一个范围的，并且局限于这样一个界域之内。而法国大革命不一样，它没有自己的疆域，它的影响力是如此之大，以至于冲破了所有国界。不管人们在法律、习俗、性格、语言等各方面相似还是不同，大革命都可以使人们彼此接近或者彼此分裂，它能使同胞变为仇敌，能令手足成为路人。它跨越一切国籍、国界，形成了一个精神理念层面上的共同"祖国"，任何一个国家的人都有可能成为它的"公民"。

即使翻遍所有的史册史料，我们也再找不出另一个跟法国革命有着相同特点的政治革命，只有在宗教革命的历史中才能找到与其同等的、相似的革命。因此，我们可以运用类比法，将法国革命与宗教革命放在一起，作一番对比研究。

德国伟大诗人席勒① 曾在其著作《三十年战争史》中指出，16

---

① **席勒**

弗里德里希·席勒（1759～1805），德国18世纪著名诗人、哲学家、历史学家和剧作家，德国文学史上著名的"狂飙突进运动"的代表人物，被公认为德国文坛中地位仅次于歌德的伟大作家。

《攻占巴士底狱》让 – 皮埃尔·路易·洛朗（法国）1735 ～ 1813

世纪的宗教改革，其伟大之处体现在，它使得互不相识、互不了解的多个国家的人民通过共同的信仰紧密地联结起来。事实的确如此，法国人与法国人交战了，英国人前来助阵；德国人陷入战争了，居于波罗的海纵深处的人们竟然会深入德意志的腹地来施以援手。

所有的对外战争都染上了内战的色彩，所有的对内战争也都有外国人的介入。每一个民族的旧利益被抛诸脑后，取而代之的是新利益。领土问题也不再是头等问题，取而代之的是各种原则问题。国与国之间的外交纵横交错，错综复杂，让当时的政治家们瞠目结舌，费劲伤神。

所以，我们可以这样说，法国大革命是以近似于宗教革命的方式进行的一场政治革命，它在很多方面都体现出宗教革命的特征。这场革命像宗教革命一样影响甚广，通过宗教式的预言、布道传播开去，深入人心。这是一场饱含布道者热忱的政治革命，人们满怀激情地完成在国内的革命，再以同样的激情向国界之外传布。这是怎样的一番新气象！这称得上是法国革命向全世界展示的最为新鲜、新奇的一面。

我们可以将触角再深入一些，继续探寻法国革命与宗教革命之间相似性背后那些隐而不露的深层次原因。

宗教的一个显著特征就是着眼于人本身，至于国家的法律、社会的习俗与传统在人们的本性之中添入了什么，宗教并不关注这些。宗教的主要目的是调整人与上帝、人与人之间的关系，而不顾及社会的形式。宗教所奉行的行为规范涉及父子、主从、邻里等，而并不局限于某国某时的人。

正因为宗教植根于人性本身，它得以放之四海而皆准，有可能被所有的人接受。宗教革命也因此有了广阔的舞台，有了超越疆域界限的空间，它很少像政治革命那样局限于某个国家、某个种族、某块地域之中。如果我们进一步考察，就会发现，一种宗教越是具备上述特征，就越能广泛地传播开去，无论法律、民族、习俗有何不同。

宗教中还有一种比较特别的存在，就是异教。古希腊、古罗马的异教或多或少与其政体以及社会状况有关。异教的教义中常能看到某个民族甚至某个城市的面貌，它因此常局限于一国之内，很少越出界限。异教在有的时候并不宽容，常会引致宗教迫害，而且在异教中，那种布道的热忱几乎完全看不到。

正因此，在基督教传播至西方以前，几乎不存在大规模的宗教革命。基督教也得以轻而易举地跨过曾经阻挡着异教的种种障碍，在短时期内就征服了大部分的人类。基督教的这种胜利，从某个层面上来说，正是因为它不同于其他宗教，它超越了国家、民族、种族、政府、社会形态甚至时代的概念与局限。我这样说，丝毫没有贬低或不尊重圣教的意思。

法国革命正是以这种宗教革命的模式展开的，法国革命涉及的是"现世"，而宗教革命涉及的是"来世"。法国革命与宗教革命一样，抽象地看待公民，超脱了国家、时代，以及一切社会形态，它所探求的不仅仅是法国公民的权利与义务，更有整个人类在政治意义上的权利与义务。

正如宗教革命着眼于人性本身一样，法国革命在社会与政府问题上也力求发掘那些最具普遍性、最自然的东西。因此，法国革命不仅能为一切人所理解，更能遍地开花，为人所仿效。

从根本上说，法国革命的终极使命是整个人类的新生，而不单单是法国的变革。因着这样的一个使命，它迸发出来的热情与能量超越了历史上一切的革命，哪怕是最为激烈的政治革命。它掀起了一场史无前例的宣传运动，人人都在传播它的信仰。由此，法国大革命也就蒙上了一层近似于宗教革命的色彩，这使时人恐慌震动。

从某种意义上说，法国革命已经成为一种新宗教，它虽然不像传统意义上的宗教那样完善，它的"教义"里没有上帝、没有礼拜、没有来世，但它的使徒、布道者、受难者遍布整个世界。

值得一提的是，法国革命所宣传的一切思想并非完全新颖的，它所采取的手段也并不是史无前例的。回望历史，在各个世纪，甚至就在中世纪兴盛之时，也有一批这样的宣传鼓动者，他们致力于改变旧俗，宣扬人类的天赋权利，反抗本国的政治体制，然而，所有这些尝试都失败了。同样的一把火炬，在 15 世纪时被轻而易举地扑灭，而在 18 世纪，它却在法国重新点燃，进而燎原整个世界。

在某个时代，如果人们的观念尚未启蒙，那么即使是普遍适用的思想，对于他们而言仍然是无法理解的；而在另一个时代，可能完全是另一番景象，同样的思想，只是露出隐约的模样，人们就能迅速领悟并且趋之若鹜。这也表明，一种思想要演进为一场革命，其前提是人们的地位、习俗、风尚已经发生了某些变化，人们已经有了一定的精神准备，唯其如此，这种思想才能深入人心，传播久远。

因此，我认为，法国大革命那个时代最了不起的地方，并不在于这场革命运用了有效的手段，创立了各种思想。那个时代真正的伟大之处在于，那么多的民族竟然同时达到那样一种水平，他们迅速领受了启蒙和"布道"，并同样以有效的手段接受了法国大革命所传播的那些思想。

■ 政治广角

思想启蒙运动与法国大革命

法国大革命所宣传的一切思想并非 18 世纪的始创。早在中世纪兴盛时期，在 15 世纪，这样的思想与鼓动者就已经诞生，但是，他们被一举扫灭；而到了 18 世纪，这一把火炬终于在法国熊熊燃烧，继而照亮了整个欧洲，整个世界。

同样的思想诞生于不同的时代，就是不同的命运。这其中的因由，可以从拿破仑的一句话中获得解答，他说："大革命是启蒙思想家的伟绩。"没有思想启蒙运动做先行，做铺垫，大革命的思想与精神就很可能只是 15 世纪的星星之火，而难以成就 18 世纪的燎原之势。

早在 18 世纪上半叶，法国的思想启蒙运动就以不可阻挡之势深入人心。伏尔泰的天赋人权、自由和平等原则，孟德斯鸠所提倡的"三权分立"，卢梭所呼喊的"一切权力属于人民"……这一批杰出思想家和哲学家提出了划时代的民主思想，描绘出"理性王国"的蓝图，给封建专制制度以强有力的抨击，为大革命点燃了一束一束的火把。正是因为有了这样一个思想铺垫和精神准备，大革命才能势如破竹，引爆欧洲。

· 第四章 ·

全欧洲有着完全相同的制度，
并处处濒临崩溃

本章导读

◎ 这些新的制度在中世纪时期是根本不可能存在的，然而正是这些新事物一点一点地巧妙渗透进这具古老的躯体，才使之复苏、重生，避开了被瓦解的命运。这样的新旧融合，既保留了古老的形式，又注入了新鲜的活力与生命。

罗马帝国坍塌之后，欧洲诸国虽然各成一体，各自为政，但它们的根基竟然是一般无二的，它们在社会、政治、行政、立法、经济、文学等诸多方面表现出了惊人的相似性。而且，它们的旧体制都走到了崩溃边缘。这一具具"老朽"的躯体之所以未被瓦解，是因为新的事物、新的制度点点滴滴巧妙渗入了旧躯壳中，旧的得以复苏、重生，新的得以生长、绽放。新旧融合，造就了一个个全新的、脱胎换骨的现代国家。

将法国放在欧洲、放在世界这样一个大背景之下，将它与欧洲诸国一起置于历史的显微镜下，我们才能将法国看得更清楚，我们也才能真正地理解法国大革命。

罗马帝国分崩离析之后形成的诸多国家、诸多民族，在种族、语言、社会形态等诸多方面都各不相同，但他们在不开化这一点上倒是极为相似。自扎根于罗马帝国遗存的这块土地之日起，在相当长的时期内，他们厮杀在一起，混乱不堪。

当混乱最终稳定下来后，他们发现彼此之间被自己亲手造成的废墟分隔开来。文明被毁灭了，秩序被打乱了，人际关系险恶了，偌大的欧洲社会被生生分裂成许多个彼此迥然不同、老死不相往来的小社会。正是在这样一种四分五裂的混沌中，却出现了奇异的现象——突然涌现出来的统一的法律制度。

这些制度并不是仿效罗马法制而来，它们甚至可以说是与罗马法制截然相对的。它们有着自己的独特面貌，与人类历史上所确立的那些法律制度绝非一路。它们彼此之间有着一种隐隐的对应关系，共同组成了一个连接紧密的整体，其严密契合的程度与现代的法典不相上下，堪称是那个半野蛮社会中最高深的法律。

我并不打算探讨这些奇特的法律制度是如何形成的，以及它们为何能够遍行欧洲。但有一点是可以肯定的，从中世纪开始，它们就已经出现于欧洲各地，而且在很多国家迅速成形，排除了其他一切法律体制，确立了自己的权威与核心地位。

我曾经深入地研究英、法、德等国的中世纪政治体制。我十分惊异地发现，这些国家的法律之间暗存着惊人的相似。这些彼此差异甚大很少融合的民族，却有着如此高度相似的法律，这一

《里沃利会战》以马内利·菲特波托（法国）1818～1884

点不能不令人诧异赞叹。

当然，因为地理因素以及社会环境因素，这些国家的法律在细节上会有一些差异与变化，但它们的根基是一样的。当我在古老的德意志立法中发现某种政治制度，或者规章、权利时，我就知道，如果继续研究英国、法国的资料，我必然能找到本质上完全相同的东西，而事实上我的确找到了。也就是说，这三个国家，只要研究透了其中一个，就能很好地理解其余的两个。

在这三个国家里，政府以同样的准则治事；议会有同样的成分、同样的权力；社会以同样的方式被划分；不同阶级间有着同样的等级制度；贵族有同样的地位、同样的特权、同样的特征；城市有同样的结构；农村以同样的方式治理；农民有同样的处境；土地以同样的方式被分配、被占有、被耕种；耕种者背负着同样的义务；从波兰边界直至爱尔兰海，无论是领主庄园、法庭、采邑、征收年贡方式、徭役，等等，一切都那么相似，有时甚至连名称都一样。

而最引人注意的是，这些彼此相似的制度都源于同样的一种精神。14世纪，欧洲在社会、政治、行政、立法、经济、文学等诸多方面所表现出来的相似性，比现今制度所展现的相似性要大得多。

我在这里并不想阐述欧洲的旧政体是如何日渐颓废衰败的，我只想指出一点，那就是18世纪的欧洲政体正濒临崩溃。这种衰落的趋势在欧洲东部并不明显，但在西部则比较突出，然而，不论东部还是西部，所有的地方都能找到旧政体老化甚至衰败的迹象。

中世纪以来各种制度的衰落过程，从档案中可以找到明证。比方说，当时的领地大都有一种叫作"土地赋税清册"的登记簿，长久以来，它一直充当着记录领地界限、地租明细、服劳役情况以及当地惯例等信息的角色。我翻阅过 14 世纪的土地赋税清册，这些记载清晰标准、井井有条、准确无误，称得上是杰作。可是，从这开始，越往后，尽管知识更加普及，但土地赋税清册的记录反而变得越发杂乱无章、记载不全、模糊混乱，完全没有了 14 世纪登记簿的那种条理与风采。

看来，市民生活转向文明之日，反而是政治社会堕入蛮荒之时。

对于欧洲的古老政治体制，德意志比法兰西保留得更好，更能看出其原始的面貌。然而，即便是在德意志，很多的古老制度也已经遭到了摧毁。我认为，研究这些残存下来的现状，比追溯那些已经毁灭的东西，更能看出时间的摧残之效。

比方说，自治市制度。这种制度早在 13、14 世纪时就已经将德意志的很多城市转变为一个个富庶且开明的小国。到 18 世纪，这种制度依然存在，但城市不再是当初的模样。原有的那一套套方法仍在沿用，原先设置的行政机构仍保留着先前的名称与职能，但那种积极性，那种活力，那种爱国主义的激情，还有自治市制度激发出来的坚韧品德，而今都已消失殆尽。那些旧制度似乎就这样自生自灭一般坍塌在自己身上。

到今天依然存在的一切中世纪的制度都患上了同样一种疾病——它们全部在衰落，毫无生气。不仅如此，很多本身并非中世纪所诞下的东西，只要卷入其中，也会立刻丧失生命活力。我们可以看到，贵族阶级有如染上了老年孱弱症一般。

在中世纪，政治自由取得了显著的成就，但今天的政治体制，只要它保留了中世纪的种种特征，就会跟得了不育症一样。像省议会，它虽然原封不动地保留着古老的政治形式，但这些旧形式阻碍着文明的进步，未能产生任何裨益。它们同新时代的精神格格不入。就连民心，也背离省议会，而倾向了君主。

这些制度悠长的历史并未给它们带来任何荣耀与尊重，相反的，它们迅速老化，渐渐地失去民心。而一个令人奇怪的事实就是，随着它们的衰败，它们的危害力渐小，可它们引致的仇恨反而更加强烈。

一位与旧制度同时代并拥护旧制度的德意志作家曾说："现在的很多事物很伤人心，甚至是可鄙的，但奇怪的是，尽管如此，人们对旧的一切仍坚持不屑一顾的态度。这样的态度即使在家庭内部都能感受得到，它扰乱了家庭的秩序，很多主妇甚至都不愿再忍受那些古老的家具了。"

这一时期的德国与法国一样，社会较为繁荣，蒸蒸日上。但其中有一点是非常关键的，必须加以注意，那就是：所有活跃的、搏动的、生长着的东西，都来自新的根源，这一根源不仅是新的，而且跟旧制度完全对立。

这个根源就是王权。我这里所说的王权与中世纪的王权绝不相同，它有着别具一格的特权与精神。它是国家的行政机构，它建立在地方权力的废墟之上，它四面延伸，日益取代贵族统治下的官吏等级制。所有的新权力以一种中世纪王权闻所未闻的或者拒绝接受的方式行事，它们开启了中世纪人们想都不敢想的新社会形态。

英国的情形也是一样的。从表面上看，人们会以为欧洲旧政体仍然是那里的主流，但事实上，如果我们忘记那些沿袭下来的古老名称，抛开那些旧的形式，就不难发现：自17世纪以来，封建制度已经基本废除，阶级之间相互渗透，原有的贵族阶级逐渐消失，贵族政治渐渐放开，财富成了一股新势力，人人平等的理念深入人心，言论自由放开，等等。

这些新的制度在中世纪时期是根本不可能存在的，然而正是这些新事物一点一点地巧妙渗透进这具古老的躯体，才使之复苏、重生，避开了被瓦解的命运。这样的新旧融合，既保留了古老的形式，又注入了新鲜的活力与生命。所以说，17世纪的英国，从本质上说，已经是一个全新的、脱胎换骨的现代国家，它的体内只保留了些微的中世纪遗迹，好比供奉品一般。

之所以将考究的眼光投向法国以外的其他国家，是因为我坚信，只有了解了法国以外的情况，才能更好地理解法国国内的情况。谁要是局限于研究法国，谁就永远无法真正理解法国大革命。

■ **政治广角**

托克维尔的"远观"视角

托克维尔曾提倡，要判断历史事件，近看不如远观来得清晰准确。他在研究法国大革命时，就很注重从远处看，从客观中立的角度看，从全面的高度看，从对比的视角看。

托克维尔出身贵族，按理，他应该是贵族阶层的同情者，但他没有受困于这种局限。他说："在我出生时，贵族制已经日薄西山，但民主制还没有诞生，所以，我的本能引领我既不盲目倾向前者，也不会倾向后者。我更像一个彻底站在过去与未来之间的人，我不会轻易偏向这两种制度的任何一种。"他放弃了自己的贵族身份，与保皇党保持着距离；同时，对于激进革命派，他也一样保持距离。他超脱了主观的立场，试图对法国大革命时期的社会、政治等现象进行客观的考察与研究。

著述完成后，他曾说，他的作品估计会几方都不讨好，不管是正统的保皇党，还是虔诚的教徒，或者是激进的革命家，都不会喜欢他的思想。但是，从现在回望，正是他的这种客观、超脱的立场，使得他对法国大革命的研究和解读超越了同时期的很多学者，达到一个相当高的境界。

在研究大革命时，托克维尔并不局限于法国，还以比较研究的视角，将目光投向英国、德国、美国，甚至是中国，将诸国历史放在一起进行对比分析，找寻其中的相似点、差异点以及个中的关联。

这样的深层次比较分析，让他得出了很多颇具分量的结论。例如全欧洲尽管各自为政但仍有着完全相同的制度根基，并且都处于崩溃边缘；例如大革命不是从苛政最猛的地方爆发，而是从相对较轻的地方爆发；等等。

托克维尔这种看待历史、分析历史的角度，这种跳出主观立场，客观全面地研究问题的方式，是非常值得借鉴的。

· 第五章 ·

法国大革命特有的功绩与意义何在

本章导读

◎ 这场革命所做的就是打破多个世纪以来统治欧洲大陆绝大多数人民的封建政治制度，建立起一致的以人人平等为根本的新的社会政治秩序。

◎ 大革命的确使整个世界措手不及，但它绝非偶然事件，它是一项长期工程的完结，是一代代人劳作的突然且生猛的终结。即使大革命没有发生，旧社会的躯壳也会崩塌，只不过是早晚的分别而已，它或许会一块一块地剥落倒塌，而不是如现实中这般瞬间毁灭。

◎ 大革命以一种壮士断腕、大刀阔斧的痛苦努力，直截了当、毫无顾忌地在极短时间里完成了本来需要很长时间才能成就的工程与事业，这就是大革命的功绩。

　　法国大革命特有的功绩和意义是什么？这场革命推翻了统治法国长达千年的封建专制制度，震撼了整个欧洲的封建统治秩序，建立起主张人人平等的新的社会政治秩序。但是，这样一场意义非凡的大革命，并不是偶然事件。它代表的是一代代人所坚持的一项长期工程的完结。没有这场大革命，法国的旧制度一样会崩塌，只不过是晚一些、慢一些而已。大革命如壮士断腕一般，以凌厉决绝的方式，在极短时间里做成了这样一项长期而艰难的工程。这就是它的"大"意义、"大"功绩之所在。

前面我所做的所有论述都是为了帮助解决我最初提出的那些问题——法国大革命真正的目的是什么？它究竟有什么特点？为什么它会这样发生？它的功绩与意义何在？

有些人认为，法国大革命是一场摧毁宗教信仰的宗教革命。而事实是，不管它展现出什么模样，从本质上说，它仍然是一场社会政治革命。

有反对者说，大革命就是在制造混乱，是典型的无政府主义。而事实是，大革命并不想延续混乱，它要实现的是增加公共权威的力量和权力。

还有人认为，大革命会阻碍文明的进步，会改变延续至今的文明所具有的特点。而事实是，它并没有改变西方人类社会赖以存在的根本法律。

在不同时期，在不同国家，的确发生了一些偶然事件，它们可能从某些层面上改变了大革命的一些面貌，但如果我们着眼于大革命本身，就会看到，这场革命所做的就是打破多个世纪以来统治欧洲大陆绝大多数人民的封建政治制度，建立起一致的以人人平等为根本的新的社会政治秩序。

这足以催生一场规模宏大的革命。因为，那些古老的制度与欧洲的宗教、法律、政治混合交织在一起，更何况，这些旧制度长期实行以来已经培育起一整套的思想、情感、习惯和道德体系。要一举摧毁旧制度，就好比从社会这个躯体之中摘除某个血肉相连的部分，这必然会有一番可怕的动乱。也正因此，才见出大革命的伟大，它所要摧毁的东西几乎与一切相连，这也就是说，它要摧毁这相连的一切。

　　大革命摧毁了或者说正在继续摧毁过去贵族制和封建制的一切，以及与之有联系的，哪怕只是带有最细微印迹的一切。大革命从旧社会中保留下来的，只是那些同旧制度完全对立或者独立于旧制度之外的东西。

　　然而，不管大革命表现得如何激进，如何开天辟地，它的创新程度并没有人们普遍认为的那么高。它的确使整个世界措手不及，但它绝非偶然事件，它是一项长期工程的完结，是一代代人劳作的突然且生猛的终结。即使大革命没有发生，旧社会的躯壳也会崩塌，只不过是早晚的分别而已，它或许会一块一块地剥落倒塌，而不是如现实中这般瞬间毁灭。

　　大革命以一种壮士断腕、大刀阔斧的痛苦努力，直截了当、毫无顾忌地在极短时间里完成了本来需要很长时间才能成就的工程与事业，这就是大革命的功绩。

　　然而，今天在我们看来如此明白的事情，在当时的年代，即使是那些公认的智者，也未能看清其中的问题与真相。

　　比方说那位英国政治家埃德蒙·伯克，他就曾对法国人说："你们想要改良政府的弊端，非要通过创新吗？因循古老的传统不好吗？为什么不恢复法兰西古老的特权制度？就算你们没有办法恢复祖先体制的面貌，那为什么不效仿英国呢？在英国，完全可以找到欧洲共同的古老法制。"

伯克全然没有察觉眼下到底发生了什么，他没有看到最为关键的一点——大革命要废除的恰恰就是欧洲共同的古老法制，问题的要害正在于此，而非其他。

但是，我们可以进一步发问，这样一场到处都在酝酿的充满威胁的革命，为什么偏偏是在法国，而不是在其他国家爆发？为什么它在法国所展现出来的某些特质，在其他任何地方再也找不到，或者说只能找到很少的一部分？这些问题非常值得深思，下面各卷就是围绕这些问题来研究考察的。

■ 政治广角

法国大革命的功绩与意义

史学家将这场革命称为"罗马时期以来欧洲最重要的一次历史事件"。

在政治上，法国推翻了旧制度，建立了新制度，从古老的波旁王朝转变为新的共和政体。当时大部分欧洲国家，如普鲁士、奥地利等，依然还是封建制度的政体，法国大革命也引发了这些欧洲封建国家的动荡。

在社会结构上，法国大革命打破了旧制度下的阶级区分，教士与贵族的特权被削减、地位被降低，社会各阶级渐趋平等，普通民众获得了一定的权利与自由。

在经济上，很多人以为大革命会使法国一蹶不振，但实际上，大革命使法国更为强大和繁荣，远远超过路易十六时期。法国约2/3的土地被解放出来，农民在自己的土地上挺直了脊梁骨，耕作也更加积极。由于这种新生，法国在几年之间成为富农之国。

在宗教上，大革命之后，教会的势力被大大削弱，这也影响到了欧洲其他国家对教会和教皇的依赖，使宗教最终与政府分离。

在意识形态上，法国大革命开启了一场深彻的思想启蒙运动，"自由、平等、博爱"从法国传向整个欧洲。法国取代英国成为自由主义运动的领袖。

法国大革命绝非地区性事件，其影响所及，不止于法国人民，更延伸至整个欧洲以及全世界。它所播种的"自由、平等、博爱"的思想与精神，在19世纪甚至更后的时期仍然影响着欧洲政治。法国成为欧洲革命的温床，就像当时有句话说的那样——"法国一打喷嚏，整个世界便会患上伤风"。

中观卷

大革命缘起之政治体制性诱因

·第一章·

法国人为何比其他国家人民
都要更憎恶封建权力

本章导读

◎ 大革命的一个主要目的便是要到处消灭中世纪的残余旧制度，可是，这场革命并不是在那些中世纪制度残留最多、人民受苛政压迫最深的地方爆发，相反，它是在一个人民被折磨得相对较轻的地方爆发的。

托克维尔揭示了这样一个悖论——大革命居然不是在那些旧制度残余最多、人民受苛政压迫最深的地方爆发，而是在一个对苛政感受最轻的地方爆发的。这看似不合情理，实际上是可以理解的。

当人民被封建权力完全压制的时候，他们会觉得压在自己头顶的是不可避免的国家体制的自然结果，他们会选择逆来顺受。但是，当旧制度被摧毁一部分后，剩下那部分仍然压于他们头顶的旧制度，就会激起他们更加强烈的憎恶与仇恨。这个时候，忍耐突破极限，反抗风起云涌。这也就是早就脱离农奴制、脱离领主统治、成为土地所有者的法国人民，会比那些仍然处于农奴制下饱受领主剥削的他国人民更加仇恨封建权力的原因。

关于大革命，有一点是非常令人感到惊讶的，我们知道，大革命的一个主要目的便是要到处消灭中世纪的残余旧制度，可是，这场革命并不是在那些中世纪制度残留最多、人民受苛政压迫最深的地方爆发，相反，它是在一个人民被折磨得相对较轻的地方爆发的。换一个说法就是，在那些旧制度的桎梏实际上不那么严重的地方，人民反而显得最难以忍受，最具反抗的愿望。

以德国为例，在18世纪末，德意志疆域内几乎没有一处地方彻底废除了农奴制度，绝大多数的人民，仍然同中世纪一样，被牢牢地约束在封建领地上。像普鲁士国王腓特烈大帝和奥地利女皇的军队，就几乎全都是由农奴组成的。

当时，在德意志的大多数邦国中，农奴不得私自离开领主的庄园，如果离开，会被追捕，直至押回。在领地上，农奴受主日法庭的管束，私生活被严密监督，即使是纵酒偷懒，也会被严惩。农奴的地位不会提升，职业不得改变，领主若是不高兴了，农奴连结婚都不能指望。从年轻时开始，农奴就要在领主庄园中服多年劳役，这是一种定制，某些邦国甚至规定每周三天的役期。领主房屋的翻修维护，领地产品的运送与经营，乃至于捎带信件的小事，都要由农奴来担负。

一个农奴，他可以成为土地所有者，但他的所有权从来都不

《圣乔治大战恶龙》拉斐尔·圣齐奥（意大利）1483 ~ 1520

是完全的，他必须时刻看领主的脸色。领主说种什么，他就得在自己地里种什么，他不能随意转让或者抵押自己的土地。领主可以随心所欲地强迫他出售或者不得出售某些产品。对农奴来说，耕种土地永远带着强制性，他的产业即使是他的亲生子嗣，也无法完全继承，因为领主通常都要拿走一部分。

我所说的这些，不用去翻陈旧法律里的条文，在腓特烈大帝拟定、由其继任者在大革命爆发之际颁布的法典之中，就有这些规定。

让我们将视角收回到法国，在当时，德意志邦国内的这些情况在法国却早已不存在——法国的农民可以任意往来、买卖、耕种。如果要在法国寻找农奴制的遗迹，那或许只能在东部一两个被征服的省份里看得到踪影。在法国的其他地方，农奴制早已是绝迹的历史，这历史太久远了，以至于人们都想不起农奴制到底是什么时候被废除的。现在的考据推测出，大约从 13 世纪开始，诺曼底就已经废除了农奴制。

当时的法国不仅基本废除了农奴制，还已经经历了另外一场涉及农民社会地位的革命——农民不仅仅早就不再是农奴，而且已经成为土地的所有者。这个事实虽然至今尚未得到充足的说明，但它的影响十分深远，我不得不在此稍作停顿，加以论述。

人们一直抱持这样的一种观点，认为土地的划分始于大革命，是大革命的产物。但事实绝非如此，各种证据都能证实这一点。

至少在大革命爆发以前的 20 年，就有一些农业协会对土地的过分分割感到担忧。路易十六 ① 的财政总监杜尔阁 ② 当时曾说："土地遗产的划分使得原本够维持一家人生活的土地被分给好几个孩子，这些孩子及其各自的家庭以后是很难完全靠土地为生的。"数年后，同样出任路易十六财政总监的内克 ③ 也指出，法国存在着大量的农村小地产主。

我在一份大革命前若干年总督所收到的秘密报告中，看到了这样一段话："人们正以一种令人忧心的方式再次划分土地遗产，每个人都想弄一点，一块块土地被无止境地划分，一分再分。"这话听起来很像是出自今人之口。

我花了很多精力努力想要复原旧制度的土地清册，我也的确做到了一些。由 1790 年确定土地税的法律来看，各教区都被要求呈报本区现存的土地清单。遗憾的是，这些清单大部分都没能保存下来，我只在一些村庄发现了一些清单，我将这些清单与我们今天的土地名册做比较发现，在当时的这些村庄里，地产主的数量达到了现在数目的 1/2，甚至 2/3。考虑到从那时起，法国总

---

① **路易十六**

路易十六（1754 ~ 1793），法兰西波旁王朝复辟前的最后一任国王。这位国王制锁的技术很高，且极富创意，但他无心于朝政。他是法国历史上唯一一个被处死的国王，于 1793 年在巴黎革命广场被送上断头台。

② **杜尔阁**

杜尔阁（1727 ~ 1781），法国政治家、重农主义理论家，曾担任路易十六时期的财政总监。他试图推行经济改革，但因侵犯了封建贵族利益而失败，并被免职。

③ **内克**

内克（1732 ~ 1804），曾任路易十六时期的法国财政总监，倡导改革，支持三级会议的第三等级，主张各等级纳税平等，数次触怒国王以及特权阶级。

人口增长了超过 1/4，那么也可以看出来，地产主的激增是多么惊人。

无论是过去还是现在，农民对于土地的热情是从未改变的，都达到了顶点，对土地的那种占有欲望点燃了农民身上全部的激情。当时有人曾中肯评论说："土地总是能以超出其本身价值的价格出售，一个重要的原因就在于所有的人都热衷成为地主。法国下层阶级的所有积蓄，不管是放给了个人，还是投入公积金之中，都只有一个目的，那就是购置土地。"

阿瑟·扬在初次游历法国时，最令他吃惊的就是发现大量的土地已经被农民划分。他估计说，法国至少有一半的土地已经归属农民。这种形势，远远超出了他的想象和预期。的确，这样的形势当时只在法国及其近邻之处才看得到。

在英国，也曾有过拥有地产的农民，但数目非常之少。在德国，历来也有一小部分拥有完整土地所有权的自由农民，追溯到日耳曼民族最古老的习俗中，就有一些关于农民与土地的特殊又古怪的法律，但是，这样的自由农民只是一个例外，他们的人数微乎其微。

18 世纪末，在德意志的少数几个地区，农民成为土地所有者，而且几乎跟法国农民享有一样的自由。从地理区域上看，这些地区多位于莱茵河畔，这里正是法国革命的热潮最早波及并且始终最富生气的区域。反观德意志那些长时期难以被革命热潮所渗透的区域，就没有发生类似的"土地革命"。这一点是很值得注意的。

总的来说，通常人们所认为的法国土地的划分始自大革命的说法，是一种错误的观点。土地的划分要远远早于大革命。在大革命的过程中，的确出售了教士的全部土地，以及贵族的大部分土地，但是如果查看当时的土地拍卖记录就会看到，这些出售的土地大都是被那些已经拥有其他土地的人买走的。所以说，土地虽然易手，但土地所有者数目的增加比人们想象的要少得多。按内克一贯浮夸但这一次相当准确的话来说——法国在大革命之前就已经存在大量的土地所有者。

应该这么说，大革命并不是划分土地，而是暂时地解放土地。为什么说是"解放"呢？这是因为当时几乎所有的小地产主虽然有了土地，但仍然承受着许多劳役，这让他们痛苦不堪，难以解脱。

他们肩上的负担是相当沉重的，而最让他们觉得无法忍受的是，这些负担本身是可以减轻的。这些农民，与欧洲其他地方的农民完全不同，他们已经摆脱了农奴的身份，摆脱了领主的管辖，他们期盼的是另一场革命，这场革命与将农奴变为土地所有者的那场革命比起来，是同样的伟大。

尽管旧制度看起来离我们很近，因为我们身边还有很多在旧制度下出生、成长起来的人，但是，旧制度从某种程度上而言，似乎早已离我们远去了。大革命在我们与旧制度之间划了一道鸿沟，将旧制度彻底隔离出去，这种隔离仿佛经历了好几个世纪，以至于很多事情都变得模糊不清。

现在，很少有人可以准确而全面地回答这样一个本来很简单的问题——1789年大革命之前，农村是如何治理的？如果不从书本之外去进一步深入研究那个时代的政府档案，这个问题就很难被精确翔实地论述清楚。

我们常能听到这样的说法——贵族早就不再参与国家治理，但他们始终保持着在农村的全部行政权力，农民受领主的统治。这样的一种说法是有悖事实的，是错误的。

18世纪的时候，教区的所有事务都是由官吏主持的，他们中的一些人是由本省的总督任命，另一些人则是由农民自己推举，他们并不是领地的代理人，也不再由领主来选定。正是这些官吏组成的权力机构，主导着分摊捐税、维护教堂、修建学校、召集教区大会、监管公社财产并决定如何使用、以公共团体名义提起公诉等或大或小的工作。

对于这些细小的事务，领主不仅不再负责，而且也不加以监督。领主不再充当国王在教区的代表，不再是国王与居民之间的中介，不再在教区内执行国家法律、招兵、征税、颁布赦令、分配赈济等事务。所有的这些工作由教区官吏担负，这些官吏都隶属于政府，或者由中央政府统辖。正如总督们在给下属的信中特意说明的那样，领主事实上只不过是一个居民，第一居民而已。领主与其他居民相比，多了免税权与某些特权，他拥有的是不同的地位，而非不同的权力。

如果我们走出教区，四处考察一番，就不难发现这些。贵族不再作为一个整体从事管理，即使参与，也多是以个人的身份。这样的一种现象，为法国所仅有。

在法国之外的其他地方，在古老封建社会体制之下，拥有土地和统治人民仍是一体的，也就是说，谁拥有土地，谁就拥有统治权。像英国就是由主要的土地所有者进行管理和统治的。而在德意志，即使在国王已经摆脱贵族掌控的地区，如普鲁士、奥地利，贵族还是保留了大部分农村管理权。在有些地方，就算国王已经足够强大到能控制领主，他们也没有取代领主的位置。

法国的贵族的确已经很久都不曾接触国家行政，但有一处是例外，那就是司法权。一些显赫的贵族依然保持着权力，他们能施加影响，让法官以他们的名字来裁决诉讼，他们还可以在领地内自行制定治安规章。随着王权逐渐剪除并限制领地的司法权，将其纳入王权体系之中，那些仍然拥有部分司法权的领主便不再将它视为一种权力，更多地将其视为一项收入了。

贵族原来所享有的一切特殊的权利，政治部分被剥离，只有金钱部分保留下来，而且这部分权利还时有增加。在这里，我想论述的是尚未失效的那部分特权，也可以称之为名副其实的封建权利，因为这部分特权与人民的关系最为密切。

今天，我们已经很难分得清楚，这些权利在 1789 年时究竟有哪些，因为它们太多太多，而且有些已经剪除，有些已经削弱。即使是在当时，这些权利都让人们觉得含混不清，那对今时今日的我们来说，就更加模糊不清了。

然而，如果我们仔细地查阅 18 世纪以来有关封建制度的专家著述，并结合地方习俗的话，就能发现，现存的所有权利，都可以归纳为数目不多的主要的几种类别，而其他的一切权利确实存在着，但只是不具代表性的个别孤立现象。

在各个地区，农民为领主服役的现象已几乎绝迹，道路通行费这样的费用或者降得十分低廉，或者已被取消，仅有少数省份还在收取多种通行费用。在所有的省份，领主可以征收市场税，他们还享有一条在法国人尽皆知的特权，那就是狩猎权。通常，只有领主才能拥有鸽子、鸽舍。领主会强迫领地的居民到他们的磨坊磨面，用他们的压榨机榨葡萄，等等。还有一项特别严苛的税就是土地转移和买卖税，也就是说，人们每一次出售或者购买土地，都必须向领主纳税。除此之外，农民身上还担负着年贡、地租、现金以及实物税等，这些税必须给地主或领主，不得赎买。

通过上面所述的这些可以看出，领主所享有的这些权利都与土地或其产品有关，而他们的这种权利极大地损害了土地耕种者的利益。

在当时，教会的领主也享受着同样的权利。虽然教会与封建制度的起源、目的、形式、性质都大不相同，但毫无疑问的是，它最终与封建制度紧密交织在一起，它虽然从未完全融入封建制度里，但渗透其中，二者很难分割开来。

因此，主教、司铎、修道院长等人根据教职的不同，都拥有相应的领地。通常修道院在其所在的地区都会有一个村庄作为领地，这可以说是法国唯一还存在农奴的地区。修道院拥有农奴，使用徭役，征收市场税，备有烤炉、磨坊、压榨机以及耕牛等，付税后才能使用。此外，跟整个基督教一样的是，法国的教士也有权征收什一税①。

在这里，我特别想要重点说明的是，在当时的欧洲，几乎到

---

① **什一税**

什一税，起源于旧约时代，是指欧洲基督教会向居民征收的一种用来充作神职人员薪俸、教堂日常经费以及赈济的宗教捐税。通常要求信徒捐纳本人收入的 1/10 以供宗教事业之用。

处可见这样的封建权利，完完全全一样的封建权利。而且，这些权利所带来的压迫，在欧洲的大部分地方都要比法国沉重得多。我只是着重阐述了领地徭役。法国的徭役要少见且温和得多，而德国则要普遍和残酷得多。

所有这些起源于封建制度的权利，它们曾激起先辈们最激烈的反抗，它们被视为违背正义、违反文明的，像什一税、土地转移与买卖税、不得转让的地租、终身租税等，用18世纪稍微夸张的说法来说，就是"土地奴役"。然而，这些制度、这些权利在当时的英国也是存在的，有一些甚至今天仍在沿用，可是，它们并不妨碍英国成为世界上农业最完善、最富庶的国家，而且英国人民似乎并未感到它们有多么可憎或者可怕。

那么，为什么同样的封建制度、封建权利会在法国人民心中激起如此强烈的仇恨，即使仇恨的对象消失很久以后，这种仇恨依然丝毫不减、无法熄灭呢？这一方面是因为，法国的农民已经不再是农奴，而是土地所有者；另一方面则是因为，法国农民从某种程度上说已经摆脱了领主的统治。当然还会有其他的原因，但我认为这两点乃是最主要的因素。

为什么这么说呢？如果一个农民没有土地，那么封建制度在土地上强加再多的负担，他又何须发愁？如果他不是土地承租人，就没有租金，那么什一税跟他能扯上什么关系？如果他不是土地的所有者，那么地租跟他有何相干？如果他只是替人经营，那么这中间的层层盘剥又如何能影响他？

而且，如果法国的农民仍然是领主统治的话，那么他们会觉得压于自己头顶的封建权利，是国家体制的自然结果，是可以接受和忍受的。

当贵族不仅有特权，而且还有政权的时候，他们在统治管理过程中的个人权力会更大，而且还不那么容易引人注意。封建时代的人们看待贵族跟我们今日看待政府一样，人们为了获得贵族给予的保障，就必须接受贵族施加的压迫。贵族所享有的特权令人们痛苦不堪，贵族所拥有的权利令人们难以忍受，但是贵族能够维护公共秩序，能够执行法律，能够处理公务，并能在某些时候扶贫救弱。可以想象得到，如果贵族不再承担这些事务，那么他们手中的特权分量便显得沉重，人们也会质疑贵族这个群体本身是否应该继续存在。

我们不妨想象一下一位18世纪的农民所过的那种生活，或者我们可以想象一下自己所熟悉的那些农民，因为法国农民可以说是始终如一的，他们的地位或许变了，但他们的性格并未改变。农民的生活是这样的——他热爱土地，他不计代价倾尽所有积蓄买下一块土地。为了得到土地，他首先要付税，这税不是交给政府，而是交给邻近的土地主，这些土地主差不多跟他一样无权无势，跟政府也毫不相干。他终于获得了一块土地，他把种子撒进地里的同时也把满心希望播到了地里。在广阔的天地之间，这一块土地虽小，却是属于他本人的，他因此满怀自豪与独立感。

可就在这时，他的那帮子邻人土地主窜了出来，将他从他的土地里拉走，强迫他到别处无偿地为他们干活。他想保住自己地里的种子不被他们的猎物践踏，可是那帮人根本不让他这么做。他们把守着路口渡头，向他勒索通行税。在市场上，他想要卖出自己生产的粮食，还必须先向那帮人交钱。他想把剩下的麦子留下自己食用，可是他不得不向这帮人交税金，使用他们的磨坊磨面，使用他们的烤炉烤面包。他从那小块土地上所挣得的微薄收入大都落入这帮人的口袋里，他拿不回来。

不管他做什么，不管他到哪里，都会遇到这帮讨厌的邻人。他们妨碍他的劳动，打碎他的幸福，剥削他的所得。即使他能摆脱这样一帮人，另一帮身穿黑袍的人又出现了，而且毫不客气地夺走了他所剩无几的东西。

我们只需设身处地，想一想这位农民的处境、需求与情感，就不难体味出，农民的心中到底郁积了多么深刻的仇恨、不平与嫉妒。

封建制度已经不再是一种政治制度，但它仍然是一切民事制度中最为庞大的一类。就像人们所说的那样，在摧毁一部分中世纪制度之后，剩下的那部分旧制度更令人百倍憎恶。封建制度的范围虽然被缩小了，但它激起的仇恨反而更加强烈。

■ 政治广角

大革命的导火索

1789 年，有一个很重要但被很多人忽视的事件，即法国的面粉价格涨到 18 世纪的历史最高点。它的背后，隐藏着一场严重的经济危机。实际上，这场危机自 18 世纪初就已经露出端倪。

路易十五在位期间过着穷奢极欲的腐朽生活，路易十六登基时国家财政危机更加严重。法国常年陷于征战与军备竞赛，更是给财政带来巨额赤字。法国人承受着高通胀的煎熬，教士、贵族利用特权与地位，将危机转嫁到普通民众身上。底层民众的生存环境极为恶劣。

路易十六试图进行改革，他先后起用重农学派著名经济学家杜尔阁和日内瓦银行家内克，但改革尚未迈出步伐，就遭到特权阶级的强烈反对。内克之后，卡隆上任，此人为了讨好王室显贵，一度提倡奢侈和挥霍，力图以阔绰的假象维护王室的威望，而这一切负担最终都压到民众头上。内忧外患之下，路易十六召开中断了175年的三级会议，希望通过议会协商的方式解决政府的难题，而这场会议最终成为法国大革命的导火索。

回顾18世纪法国大革命前夕，我们能看到这样一个现象，那就是平均每4个法国人中就有一个阅读革命报纸，宣传新思想的革命小册子满天飞。激流暗涌之中，民众获得了启蒙，思想觉醒，这为大革命做好了充足的思想准备。这也是拿破仑登上权力巅峰后立刻采取控制言论措施的原因，他说："假如管不住报纸，我的王位将保不了3天。"

·第二章·

中央集权制是旧制度的产物，
而不是大革命的业绩

本章导读

◎ 中央集权制是旧制度下的产物，并且，说得更准确些，这应该是大革命后得以保存下来的旧政治体制的唯一遗存，因为只有这一遗存能够适应大革命创建的这个新社会。

◎ 就算是那些最贫穷、最没落的贵族，通常也不屑于担当总督的大任。对贵族们而言，总督只不过是一个傀儡，是资产者以及农民派到政府中的新人，总之，就是一个无名鼠辈。然而，正如约翰·劳所言，这些人虽看似微小，却实实在在统治着整个法国。

◎ 其实，中央政府如果能够换一种方式，减轻当时压在农业之上的重荷，缩小不同群体之间负担上的不平等，那成效会好很多。遗憾的是，当时的中央政府从未想到这一点。

有人认为中央集权制是法国革命的卓越成就，为整个欧洲所艳羡，实际上，中央集权制不是大革命的业绩，而是旧制度的产物，甚至可以说是旧制度的唯一遗存。御前会议、总监、总督、总督代理，这些出身平凡甚至低下、表面上毫无光彩、丝毫不引人注目的"小人物"，虽被贵族嗤之以鼻，但实实在在在掌控着整个法国。

很久以前，在法国还存在政治会议的时候，我曾听过一个人谈论中央集权制，他是这么说的："中央集权制是法国革命的卓越成就，为整个欧洲所艳羡。"中央集权制是一个了不起的成就，我认同，欧洲羡慕我们，我也认同，但是，说中央集权制是大革命的成就，我不赞同。

我反倒认为，这是旧制度下的产物，并且，说得更准确些，这应该是大革命后得以保存下来的旧政治体制的唯一遗存，因为只有这一遗存能够适应大革命创建的这个新社会。我会对我的这个论点进行充分的论证。

我暂且先将三级会议省，或者更准确地说，表面上部分自治的省，搁在一边，先不谈它。三级会议的各省多处于王国的边缘地区，人口只占法国总人口的1/4，而且这诸多省中，只有两个省拥有真正活跃的省自由权。以后我会论述三级会议省，我会阐明中央政权对这些省的强迫与约束达到了什么程度。

在这里，我主要想论述的是当时的财政区省，尽管这些地方的选举没其他地方那么活跃。那个时候巴黎的周围都是所谓的财政区，它们彼此联结，组成了整个法国的心脏，也是整个法国的

《在凡尔赛宫召开三级会议》奥古斯特·库迪（法国）1790 ~ 1873

精华所在。

乍一看这个王国的旧行政制度，人们就会感受到规章与权威的多样。行政机构与政府官吏遍布全法国，他们彼此孤立，不存在多少相互的依赖。他们参加行政管理，凭借的是买来的谁也无法夺走的权利。他们的权限混杂、交错，这使得他们常常互相排挤，时有磕磕碰碰。

法庭也间接参与了立法，它有权在其管辖范围内制定带有强制性的行政规章制度。在某些时候，法庭甚至会与行政机构唱反调，指责政府，并向官吏们发号施令。很多普通法官会在他们居住的城乡制定某些治安法令。

城市的体制也呈现出多种多样的特点。不同城市之间行政官员常会有不同的名目，在这个城市叫市长，在那个城市或许又叫行政官。他们的权力来源也不相同，有的由国王选定，有的由旧领主或享有采邑的亲王选定，有的是由当地公民选举的，还有人是花钱买来的永久统治权。

这些都是旧政权的残留物，但是在它们之上，逐渐形成了一种经过改造的相对新颖的事物。它是一种拥有特殊权力的行政机构，诞生于王权中央最靠近王位的地方，所有的权力都以全新的方式归拢在它手中，这就是御前会议①。

---

① **御前会议**

御前会议，是拥有特殊权力的行政机构，它集行政、立法和司法权于一身。作为中央政府在巴黎的唯一代理人，总监负责处理国家的日常事务。在地方，中央政府任命的各省总督拥有全部统治实权；在总督之下，又有由他任命的总督代理。

御前会议并不是全新的概念，它源于古代，但它的大部分职能是在近期才被赋予的。它可以被视为最高法院，因为它能够推翻一切普通法院的判决；它还可以被视作高级行政法庭，所有的特别管辖权都出自于此。它依循国王的意志，它是政府的委员会，它拥有立法权，可以讨论并提出大部分法律，可以制定并摊派捐税。它是最高行政委员会，可以确定规范并管理政府官员的总规章。它决定并处理着国家的诸多重大事务，监督下属的各级政权。偌大的一个国家就是从这里启动运转。

然而，御前会议虽然如此之重要，但它并没有真正意义上的管辖权。国王进行决断，御前会议则负责传达上位者的声音与决定。高等法院在谏诤书里曾提过，御前会议看似拥有司法权，但实际上仅仅充当着方案提供者的角色。

值得注意的是，这个御前会议的构成人员并非大领主，而是一些出身平凡甚至出身低下的人物，此外也有一些具备资历的前总督或者其他富有实际经验的人，御前会议的成员并不是终身制，而是可以撤换的。

御前会议的一个特色就是，它的行动常常是悄无声息的，不引人注目。它有权却并不张扬，这使得它从表面上看毫无光彩，或者说它的光彩完全湮没于王权的光辉之后。御前会议的职能是如此强大，几乎无所不及，但同时它的形象又是如此低调内敛，几乎不为人所注意。

整个国家的行政都由这样一个统一机构领导，而内部的事务管理则几乎全部委托于某个单独的人，这个人就是总监。

仔细考察旧制度的年鉴资料，我们会发现，各省几乎都有自己独特的大臣，但是，这些省级层面上的大臣很少发挥重要作用。主持国家日常事务的是总监，他通常会将所有与钱财相关的事务都纳入自己的管辖范围之中，也就是说，几乎整个国家的公共管理都掌握在他的手中。出任总监的可能是某个财政大臣、内政大臣、公共工程大臣、商务大臣，等等。

最高一级政府在巴黎就只有这样单独的一位代理人。同理，在各省，它通常只选定单独的一位代理人。在 18 世纪，还能看到一些大领主拄着省长的头衔，他们是封建王权的旧代表，通常为世袭，他们被授予一些荣誉，但并不拥有任何权力。掌握全部统治实权的人物是总督。

总督一般为普通人出身，跟外省没有多大关联，他不是凭借选举权、出身或者买官才获得手中的权力，往往是由政府从行政法院的下级成员中遴选出来的，随时可以撤换。他从行政法院中被分离出来，但仍然能够代表行政法院。因此，用当时的行政语言来说，他相当于"特派专员"，他的手中几乎掌控着行政法院所有的权力，他既是行政官，又是法官。他同所有的大臣都有通联，他是中央政府意志在各省区的唯一代理人。

总督在各地县，会任命服从他支配的、可任意撤换的下一级行政官员，即总督代理。如果说总督通常是新晋贵族的话，那么总督代理则大多是平民。即便如此，在指派给他的地县之中，总督代理就像总督在整个财政区的意义和地位一样，代表着政府的意志。总督隶属于大臣，而总督代理则隶属于总督。

达尔让松伯爵曾在其《回忆录》中提及曾在 18 世纪早期出任

法国财政总监的约翰·劳①说过的一番话："我真不敢相信我在任财政总监时所见的那些事情。你能想象庞大的法兰西王国竟然是由30个总督所统治的吗？这里，你看不到最高法院，看不到等级会议，看不到省长，诸省的贫富与福祸，全掌控在这30位总督手中。"

这些总督虽然拥有莫大的权力，但在残余的封建旧贵族面前黯然失色，仿佛被旧贵族残留的光影所覆盖。因此，在那个时代，尽管总督们的手无所不及，掌握着整个法国的命运，可人们却很难也很少看到总督。相比之下，当时的贵族要优越很多，他们拥有声名、财富、地位以及敬重。

在中央政府里，贵族簇拥着国王，组成了宫廷，贵族担当将帅，统率军队。贵族们不仅在那个时代里是最引人瞩目的，即使到现在，人们回溯历史，注意力还会常常停留在他们身上。

这也造就了一个奇怪的现象。如果有人提议任命某个大领主为总督，那不是在逢迎他，而是在侮辱他。就算是那些最贫穷、最没落的贵族，通常也不屑于担当总督的大任。对贵族们而言，总督只不过是一个傀儡，是资产者以及农民派到政府中的新人，总之，就是一个无名鼠辈。然而，正如约翰·劳所言，这些人虽看似微小，却实实在在统治着整个法国。

让我们先从捐税谈起，因为捐税里包含了诸多的权利。

---

①约翰·劳

约翰·劳（1671～1729），英国银行家和经济学家，18世纪早期法国的财政总监。他在法国大量发行纸币和股票，一度让法国经济复苏，但最终引发金融投机狂潮，经济在出现短暂繁荣后迅速崩盘。

很多人都知道，捐税中有一部分是包税，包税就是将要征收的税款承包出去，由承包人运用政府赋予的征税权来向纳税人收税。御前会议会跟一些金融机构洽谈，确定契约的各项条款以及征收的具体方式。而其他的税，如军役税、人头税、二十分之一税等，大都会直接由中央政府的官员来确定并征收，或者在他们极其严密的监督之下进行。

关于军役税以及附带的很多捐税的总额以及各省的摊派额，御前会议每年都会通过一项秘密的决议来予以确定。如此，捐税逐年增长，而人们事先却捕捉不到半点风声。

军役税算得上是一种古老的捐税，它的课税基数和征税大都委托给地方官办理。这些官吏或多或少具有一定的独立性，他们能拥有手中的权力，有的是靠出身，有的是靠选举，还有的是靠买官。这些人多为领主、教区的收税人、财务官或者财政区的捐税征收官。即使在18世纪，依然能看到这些权威人士的身影。他们中的有些人已经完全不管军役税这一事务，还有一些人也只是将其放在极其次要或者从属的地位。归根结底，这部分捐税的权力也掌控在总督及其代理人手中，因为，只有他们才能在教区间进行军役税的摊派，指挥并监督征税者，还有根据情况做出准予缓征或免征的决定，等等。

至于另一些捐税，像人头税，这是比较新的捐税类别，所以政府不用考虑是不是让那些古老权力来发挥效力，完全可以自主行事，由总监、总督、御前会议确定纳税的总金额和摊派方式等。

现在，让我们从钱的问题转到人的问题上。

在大革命以及其后的很长时期里，有一点很令人吃惊，那就是法国人竟然顺从地忍受着征兵的桎梏。事实上，这种屈从由来已久。要论征兵制的前身，那就是自卫队。自卫队虽然征收的兵员并不是非常多，但负担是非常重的。人们有时候会抽签决定哪个农村青年入伍，并从中选拔若干士兵组成自卫队，服役期长达六年。

自卫队算是比较现代的制度，昔日的封建政权要管理它，不是那么容易的。所以，一切事宜就委托给中央政府的代理人。御前会议会确定总的征兵人数以及各省的分摊额，然后，总督定下各个教区的应征人数，接下来，总督代理人主持抽签，定下免征的比例，并决定哪些自卫军可以驻守本地，哪些应开拔，再将具体情况交付给军事当局。只有总督和御前会议，才能对某些免征的请求做出具体的裁决。

此外，在各三级会议省以外，所有的公共工程，甚至是任务最为特殊的某些公共工程，也都是由中央政权的代理人来决定和主持的。当然，独立的地方当局也是存在的，像领主、财政局、路政官员等，他们都是可以发挥一些作用的。但事实上，这些古老的权力势力几乎全无作为或者作为极其有限，这在当时的政府文件中是有体现的。

所有的道路，甚至城市与城市之间的道路，都需依赖普遍捐助来完成建设和维护。通常是御前会议做出规划，确定管辖权，然后总督指挥工程师，总督代理人管理徭役监督施工，而留给地方旧势力的往往就是村间小道，即便简单至此，这些"地方派"仍然难以修出一条可以通行的小道。

在公共工程方面，中央政府的重要代理人是公路桥梁工程局，奇妙的是，尽管时代不同，在这一点上却出现了惊人的相似。旧制度的机构在并入新社会时，它们在转变过程中尽管还保存着依稀的原有形式，但绝大多数都丧失了自己本来的名称，而公路桥梁工程局是一个异数，它不仅保留了原有的形式，还保留了原来的名称。公路桥梁工程局的工程师们驻在现场，依照监察官的指令负责指导整个工程，每年还会有督察员跑遍整个法国督察工程。

中央政府需要依靠其代理人来维持各省的治安。整个王国都遍布着骑警队^①的小分队，这股力量由总督指挥。依靠这些士兵，必要时再加上军队，总督才能应对各种危局，像抓捕流浪人员、镇压乞丐、平息物价上涨所引致的骚乱等。在城市里，则有保安警，由总督来挑选士兵，任命军官。

司法机构有权制定治安条例，它们也常常行使这一权力。这些条例往往只在部分地区甚至是单独的某个地区实行。不过，御前会议在任何时候都可以取消这些条例，尤其是在事关下级的管辖权时，它更是"乐此不疲"。它几乎天天都在制定应用于整个王国的普遍条例，要么是涉及那些与法院规定的规章制度不同的问题，要么是涉及那些内容相同但法院处理不同的问题。这些条例，当时人称之为"御前会议判决"，它们数量庞大，而且随着大革命的逼近，呈现不断激增之势。在大革命前 40 年间，不管是社会经济方面还是政治组织方面，无不经过御前会议的裁决和修改。

---

① 骑警队

骑警队，法国的国家宪兵，起源于 12 世纪菲利普二世的御前禁卫军，到 14 世纪变成近卫警察队，到 16 世纪逐渐变成侦缉农村与小城镇的动乱及犯罪案件的力量。1778 年，路易十六用法律形式将骑警队的警察职能确定下来。

在旧日封建社会中，领主在享有极大权力的同时，也必然担负重大的责任。他领地之内的穷人，就归他来赈济。翻开 1795 年的《普鲁士法典》，我们能够找到欧洲这一古老立法最后的一丝痕迹，法典中这样规定："作为领主，有监督穷苦农民受教育的义务。在可能范围内，他应使其附庸中无土地者获得生存之手段。如果附庸者陷于贫困，领主有义务进行救助。"

在法国，类似于此的法律早就不复存在了。领主的旧权利被剥夺的同时，也就摆脱了旧义务。在此之后，没有哪个地方政权、议会、省区或教区联合会取代其位置，法律没有再赋予任何人照管穷人的义务。因此，作为中央政府，必须担负起赈济穷人的这个工作。

御前会议会根据总税收情况，每年向各省拨一定的基金，总督再将款项分配给各教区以备救济之用。在饥荒时，穷困的耕种者只有向总督求告，总督负责向人民拨发小麦或稻米。御前会议每年都会做出裁决，它会指定某些地点，设为慈善工场，穷苦的农民可以在那里工作，换取微薄收入。但是，很显然的是，从中央政府到穷苦农民，这样遥远的距离，决定了所谓的救济事业常常带有盲目性和局限性，永远无法真正满足民众的需求。

中央政府不仅要赈济穷人于贫困，还必须帮助他们掌握致富之术，为此，中央政府常会通过总督和总督代理派发一些有关农艺的册子，此外还会建立农业协会，设立奖金，耗资培植苗圃，并将种苗分配给农民。

在必要的时候，中央政府还要强迫穷人致富。御前会议为强迫个人"发家"，有时会置个人愿望于不顾，强迫手工业者使用某些方法去生产某些产品，这类法令不胜枚举。当然，总督本人绝对不可能监督所有规定的贯彻实行，于是便有了工业监察人员，他们来往于各省，进行控制和监督。

御前会议有时会禁止人们在它判定不太适宜的土地上种植某些作物，有时又会命令人们毁掉在它判定的低劣土地上种植的作物。从这些层面来说，政府已经由统治者的角色变为监护人了。

其实，中央政府如果能够换一种方式，减轻当时压在农业之上的重荷，缩小不同群体之间负担上的不平等，那成效会好很多。遗憾的是，当时的中央政府从未想到这一点。

■ 政治广角

穷人需要政府做什么

在旧的封建社会中，农民处于领主统治之下，领主同时必须担负赈济穷人的责任，不管他们最终到底做了多少，做得如何。在领主权力被大大削减后，赈济穷人的责任就落到中央政府身上。

法国当时的中央政府在这方面的确做了一些努力，例如，拨出一定赈济基金，饥荒时拨发粮食，设立慈善工场，散发农艺册子，帮助农民掌握致富之术，等等。有的时候，中央政府甚至会强迫穷人去致富，会强迫手工业者采取某些生产方式，会禁止农民在某些不太适宜的土地上种植某些作物，会命令农民毁掉一些低劣土地上所种的作物，等等。用托克维尔的话说，政府从统治者变成了"管家婆"。

然而，这一切是否现实？是否真正能帮助人民？是否是人民真正需要的呢？托克维尔认为，中央政府如果换一种方式去减轻农业的重荷，去缩小不同群体间负担上的不平等，或许效果会好很多，社会也会得到真正的改良。但非常可惜的是，当时的中央政府要么就是从未想到这一点，要么就是想到了但不愿意实施。

穷人到底需要什么？人民真正希望政府做的是什么？这是托克维尔留给我们的一个值得深思的问题。

第三章

今天所谓的政府监督管理
只是旧制度的一种遗存体制

◎ 人民不是傻子，他们不会轻信这样徒有其表的自由。

◎ 当时就跟现在一样，政府将所有法国人置于严密的管理监督之下。不管"蛮横"这个词当时有没有被造出来，至少它的确已经是活生生的现实了。

封建制度崩溃后，在农村，领主不再行使治理权；在城市，自治权被限制、被收回。一任接一任的国王开始疯狂地卖官鬻爵，城市各级职位的永久统治权都可以通过买卖获得。这一荒诞的举措既葬送了城市自由，也牺牲了人民福利。中央政府"插足"地方的管理，它的权力已经远远大于权利。

无论是城市还是农村教区，大事小情都难以自决自断、自治自理。御前会议、总督、总督代理代表着中央政府，竭尽全力地监督、控制地区的一切，事无巨细，全国的政权都被牢牢把控在一个主子手里。自由的躯壳

《奢华的凡尔赛宫》皮埃尔·帕特尔（法国）1605 ~ 1676

还在，但灵魂已经被抽离，取而代之的是蛮横的政府监督与管理。

在封建制度崩溃之后，领主们已经不再治理农村，但法国的城市自由依然存在，城市仍保留了自治权。直到17世纪末期，还可以看到这样的自治城市，它们像一个个小型的民主共和国，行政官员由全体市民自由选举，对全体市民负责，城市的公共生活活跃有生气。这些城市对自己享有的独立自主感到无比自豪，也无比珍惜。

到1692年，政府才首次普遍取消了选举制度。城市的各级职务均可通过买卖获得，国王通过这种形式向某些居民出售永久统治他人的权力。

这种做法，无疑牺牲了城市自由，也牺牲了人民福利。如果只涉及法官，那么官职买卖还有可能产生益处，因为好的司法的一个首要条件便是法官的完全独立；但是，如果涉及的是行政官员职位，那么官职的买卖就十分有害、十分可怕，因为这样的职位需要的是责任心、热忱、服从以及服务观念。旧的君主制政府深谙这一点，因此它十分谨慎，从不将加诸城市的这种制度加诸自身，它体系之中的总督和总督代理职务就是绝对不会进行买卖的。

最令人蔑视的是，这种官职的买卖在并非出于任何政治目的的情况下完成了。路易十一当初之所以对城市自由大加限制，是因为他恐惧，恐惧城市自由的民主性。可是，路易十四①之所以破坏城市自由，绝非出于政治意义上的恐惧，他把城市自由出售给所有能够赎买的城市，他并不想铲除这种城市自由，即使他确实完成了这一"革命"，但这并不是他的本意。他的目的无非是以此为交易，实现其财政目的。

更让人觉得荒诞的是，他的这套把戏一成不变，居然持续"耍"了80年。80年间，国王七度向城市出售选举城市官员的权利，每当一个城市尝到其中的甜头时，这种权利立刻就会被收回，然后重新出售。这套把戏的动机始终没变，人们也对此直言不讳。

像1722年的敕令前言里就写着："财政的需要迫使着我们去寻找能够减轻负担的最稳妥的手段。"这种手段的确相当稳妥，但是对于那些承受这种荒诞捐税的人们来说，是毁灭性的。1764年，一位总督给财政总监致信道："历年来，买卖城市官职所得的钱，数额之大令我大为震惊。这笔财政巨款本当用于有益的事业为城市及市民谋福祉，然而，结果却截然相反，城市和市民只感受到政府的压迫与这些被买卖的官职所享有的诸多特权。"在我看来，旧制度的一切特征之中，没有比这更无耻、更荒谬的特征了。

今天的我们，要想准确描述出18世纪城市管理的状况是相当困难的。不管一个城市政权的根源发生什么样的变化，多多少少都

---

① 路易十四

路易十四（1638～1715），法国波旁王朝著名的国王，号称"太阳王"。他在位72年，是世界历史上执政最长久的君主之一。他使法兰西王国成为当时欧洲最强大的国家，使法语成为整整两个世纪里欧洲外交和上流社会的通用语言。其名言是"朕即国家"。

会有古老体制的残余，而且各自都有其运行方式，这使得法国几乎不存在两座绝对相同的城市。但是，我们也应该看到，正是这种明显的差异性掩盖了确实存在的某种相似性，使我们产生了错觉。

1764年，政府开始制定一套城市治理的普遍法规。为此，各省的总督们必须将各个城市当时的现状与情况写成奏文上呈。我找到了当时的部分文献，研读之后，我更加确信，几乎每一个城市其实都是以同样的模式进行管理的，差异只在于表面，而本质则近乎一致。

最具共性的一点是，在所有的大城市和绝大部分的小城市里，城市政府被委托给两个主要的会议。

第一个会议被当时人称为"城市政府"，它是由城市官员组成，人数多少根据城市规模来定。这相当于城市的执行权力机构，其成员通过选举或者官职买卖产生，行使临时权力。如果国王收回官职并将其再度出售时，他们便会倚仗财务优势，永久履行职权。不过这种情况不常见，因为随着中央政权的集权，城市政权之下的官职不可避免地日益贬值，吸引力逐渐减小。城市官员是不领薪金的，但他们能享受免税，享有特权。他们之间没有等级顺序，行政权是集体的。城市官员不能独自领导或者主持市政。市长是市政府的主席，但并不是城市的行政官。

第二个会议，则被称为"全民大会"。在那些还施行选举制的地方，全民大会选举城市政府，在城市中参与主要事务。

15世纪时，全民大会通常由全民组成，这种习俗也符合法兰西先人的民族特性。当时，城市官员是由全体人民推举出来的，官员需要咨询民意，并向人民汇报。这种方法在17世纪末还能在一些地方看到。

到了 18 世纪，情况发生了改变，人民已经不再作为一个整体参与全民大会。这个时候实行的是代议制。需要注意的是，此时的全民大会不再经民众选举，也不再顺从民众的意志。全民大会几乎由显贵所主导，有的人是因其特殊身份而参与会议，有的人则是代表某些行会或团体，每个人都在这个会议中为自己所代言的特殊群体争取利益。

后来，随着特权显贵者在全民大会中人数的倍增，行会的代表越来越少，最后甚至不再出现。于是，在全民大会中，只能看到团体代表，也就是说，会议只包括资产者，基本上不再接纳手工业者。

人民不是傻子，他们不会轻信这样徒有其表的自由。于是，各个城市的人民都不再关心城市事务，而是如一个局外人一般生活在自己的家园之中。在中世纪时期，人们心中的那种城市爱国主义精神曾经帮助创造出种种奇迹，可是，现在，无论城市官员们如何努力，都无法重新唤醒人们的这种精神了。人民不闻不问，即使是至关重要的城市利益也无法再打动他们。在那些还在上演可笑的自由选举假象的城市，城市官员若是让人民去投票，他们宁愿坚持弃权。

这样的现象在历史上并不少见。自罗马帝国第一位皇帝盖乌斯·屋大维① 开始，几乎所有曾经摧毁自由的君主都试图粉饰太

---

① 盖乌斯·屋大维

盖乌斯·屋大维（前 63 年～14 年），罗马帝国开国君主，元首政治创始人。他平息了企图分裂罗马的内战，被元老院赐封为"奥古斯都"，并改组罗马政府，给罗马带来了两个世纪的和平与繁荣。

平，勾画一种形式上的自由，他们自以为这样就可以稳住公众，让公众从道德层面上接纳专制的力量。结果，这种尝试基本上都宣告失败。上位者也很快就发现，要想长期维持这种失去了真实内容的欺人假象，几乎是不可能的。

所以，在18世纪，各个城市的政府便纷纷蜕化为小寡头政治——某些大家族以一己之力主持整个城市的事务，远远避开公众耳目，也不对公众负责。整个法国的行政制度都染上这一弊病。所有的总督也都意识到这一弊病，但是他们所能想出的唯一的"良方"就是加强中央政权，让地方权力进一步收缩，越来越隶属于中央政权。

城市的行政制度要想有所变革、有所改观，非常之难。尽管不断有敕令试图改革城市行政制度，但各个城市的法规常常轻易地被御前会议的某些规定所推翻。这些规定大都是根据总督们的建议所拟定的，往往不会有深入的事前调查，很多时候都大出城市居民的意料。

某城市就曾遭遇过近似于裁决的打击，该地的居民无奈地说："（御前会议的）这样的措施令城市中各个等级俱为之震惊，我们绝未料到会出来这样的措施。"

除非御前会议依据总督报告做出裁决，否则城市不能设立入市的关卡，不得征收捐税，不能抵押、出售、租赁城市财产，不能加以管理，不能动用城市收入的盈余，城市的一切工程必得遵循御前会议裁定的方案与预算进行，工程招标必须在总督或总督代理人面前进行，而且要由指定的工程师或建筑师主持工程，等等。这一切足以使那些以为在法国能处处见到新事物的人大吃一惊。

中央政府对地方城市管理"插足"之深，远远不止于此，它的权力要远远大于它的权利。

我翻阅18世纪中叶财政总监给各省总督的一份通告时，发现了这样一段话："你们必须格外留心城市会议中的一切，必须提交最精确的报告，将会议的各项决定以及你们的意见一并迅速汇报给我。"

从这样的通信里我们不难感觉到，中央政府实际上竭尽所能地想要控制城市的一切事务，事无巨细。总督对一切事务都要表达自己的意见，甚至连节日庆祝的问题，他也会管。很多时候，公众组织某些庆典活动时，总督会现身主持，他来下令点燃灯火。有一位总督曾经罚了某资产者团体代表20里弗尔①，原因则让人哭笑不得——这些代表唱《赞美诗》时缺席了。

在这样的全面管束之下，城市官员当然会自觉人微言轻。他们有的致信总督道："阁下，我们非常谦卑地乞求您的仁慈和保护。我们愿意遵从大人的所有旨令，以不负抬爱。"还有的人自称本城贵族，他们写道："阁下，我们从来不曾也绝对不会反抗您的意志。"

资产阶级想要掌控政府，人民则想要争取自由，他们都在做着准备。

有人会问：地方城市既然这样高度地依附于中央，那么至少

---

① 里弗尔

里弗尔，法国古代货币单位，也称为"法镑"，相当于一磅白银，约等于12盎司。1795年，法国正式将法郎定为标准货币，停止里弗尔的使用。

应该能维持自己的财政吧？结果是不能。

有人曾提出这样的观点：如果没有中央集权制，那么城市很快就会走向灭亡。对此我不想论断，但有一点我非常确定，那就是，在18世纪，中央集权制并没能阻止城市走向灭亡，当时的行政史简直可以称为"混乱史"。

如果我们从城市走到农村，我们会看到不同的权力、不同的形式，但它们有一个明显的共同之处，那就是都依附着中央。

有很多迹象可以表明，在中世纪时期的每一座村庄里，居民们都曾组成一个个有别于领主的群体。领主可以利用、监督、统治这种群体，但是这并不妨碍该群体拥有自己的某些财产，拥有自己的产权，推举自己的首领，进行自主的民主管理。

只要是经历过封建制洗礼或者存有这类法律遗迹的国家和地区，都能寻找到这种古老的教区制度。在英国，随处可见这种印迹；在德国，60年前它还在盛行，翻一翻《腓特烈法典》就一清二楚；在18世纪的法国，同样存在这种遗迹。

我在某个总督辖区档案中第一次查阅到旧制度之下教区的状况之时，惊讶不已，在这么多饱受奴役的贫困社区之中，竟然有这么多美国农村村社的特点。我过去曾一度误认为，这些是新世界所独有的特点，却不料在旧制度下也存在着。

与美国的村社对比，二者都没有严格意义上的市政府，没有常设的代议制。二者均是在社区领导下，由官员进行治理。二者都不时进行全体会议，会上全体居民齐聚一堂，选举城市官员，裁决重大事务。二者彼此相似，只不过一个仍"活"着，一个已"死"去。二者虽然命运迥异，但的确源自同一起源。

中世纪的农村教区，由于远离封建制度，完全是自己来管理自己，它演变成新英格兰的镇区，脱离领主，但仍被置于国家强权之下，它在法国就呈现出下面的面貌——

从文献中可以看出，18世纪，教区官员的名称和数量因省而异，如果地方生活表现活跃，那么官员数量就增多，如果地方生活处于停滞状态，那么官员数量就剧减。

在18世纪大多数的教区，官员大致有两类，一类是征税员，一类则是理事。收税员遵从总督的直接指令征收捐税，而理事则在总督代理人的领导下，帮助其处理政府的一切事务，特别是涉及自卫队、国家工程以及法律执行时，理事就是总督代理人的首席代表。

正如我们前面所阐述的那样，领主已经被排除在政府的一切事务之外，他甚至不再履行监督和协助之责。过去，他或许会插手这些事务，以维护自己的力量和地位，但随着力量被一次次削弱，他已不屑于问政，而且，如若有人邀请他这么做，反而会刺伤他、激怒他。

领主不再执行统治权，但是他们在教区的存在，他们的种种特权，已经成为一种妨碍力量，因为他们，教区难以建立一个有效的管理机构，以替代他们的统治。这样得天独厚、与众不同、特权在握的特殊人物，削弱并破坏着教区一切法规的权威性。

领主的这种破坏性存在，使得几乎所有较富有而有一定知识层次的居民纷纷逃离他们，去往其他的城市，这点我还会详加阐述。如此一来，教区内剩下来的，就只有领主以及一群无知而粗鄙的农民，而后者根本不可能领导并管理公共事务。杜尔阁对此的形容十分之形象："教区只剩下了一片茅草屋，还有和茅草屋一样'毛糙'的居民。"

在 18 世纪的行政公文里，到处都能看到大臣、总督、总督代理人还有贵族对教区收税员和理事的抱怨，说他们无能、愚昧、迟钝。可是，竟然无人去探求个中原因。

直到大革命爆发前，法国农村教区的管理制度中，还可以看到明显的中世纪特有的民主之风。当要选举市政官员或者要讨论某些公共事务的时候，村里的钟声会敲响，召唤农民们齐聚教堂门前，无论穷人还是富人，都在此有一席之地。在这样的会议上，没有真正意义上的磋商，也没有投票表决的环节，但人人都能畅快地表达自己的意见，还会有一位特地请来的公证人，他会听取不同的发言，记入会议纪要之中。

我们深入其中就可以看到，自由的躯壳还在，但真正的自由灵魂已经被抽离了。最专制的政府居然也可以戴上某些最显民主的面具，以至于压迫人还可以摆出一副温和无害的可笑样子。为什么这么说呢？

因为，教区的这种民主会议的确可以让人们充分表达其心愿，但是它本质上与城市政府一般无二，根本无权遵循自己的意志行事。只有在道尽"悉从尊愿"并求得总督批准之后，它才能召开会议，就好比只有在别人撬开它的嘴时，它才能真正发声。而且，即便会议达成了一致，它也不能自作主张，除非得到御前会议的许可，否则它不能进行出售、购买、租赁、申辩等任何行为。哪怕是想补一补被风刮坏的教堂屋顶，哪怕是修一修本堂神甫住所崩塌的残垣，都必须经由御前会议裁决。哪怕是离巴黎最远的农村教区，跟离巴黎最近的教区比起来，也没什么差别，它们都得服从这一制度。我甚至看到过一些教区恳求御前会议能够批准它们开支 25 里弗尔的权限。

没错，居民有权选举他们的官员，但这种选举是如何进行的呢？通常是由总督为这个小小的选举团指定候选人，而这个候选人往往都能全票通过选举。还有几次，居民自发举行选举，结果总督轻易就撤销了选举的结果，并亲自指派了收税员和理事，并无限期地中止一切新选举。这样的例子数不胜数。

不难想象这些社区的官员过的是什么样的日子。中央政府最底层的代理人，也就是总督代理，会逼得他们百依百顺，还时常处以罚金，甚至缉拿下狱都是常事。在其他地方或许奉行公民不受专横压迫的制度，在这里就是一句笑言。1750 年，曾有一位总督洋洋得意地说："对那些私下抱怨的村社负责人，我就把他们送进监狱，然后让这些村社来承担骑警队骑兵巡逻的开销，这样一来，他们立刻就服服帖帖了。"因此，教区的官职不是荣誉，反而是厄运，人人避之唯恐不及。

不过，令人觉得悲哀的是，教区旧政府的这些残迹，对农民来说，却依然显得很珍贵。甚至到了今天，在一切公共自由当中，农民唯一能理解的，唯一感兴趣的，还是教区这所谓的自由。全国的政权都牢牢把控在一个主子手中，人们都没觉察出不合理，可如若不能在村政府会议中畅所欲言，他们立刻就会觉得大为不满，这真让人哭笑不得。谁能想到最空洞的形式竟然还有如此重的分量和吸引力呢？

我所讲述的有关城市与教区的这些情况，几乎可以延伸到所有独立自主的、具有集体属性的团体之中。

在旧制度下，就像现在一样，法国没有一个城市、乡镇、村社、济贫院、修道院、学院能够按照自己的意愿处置各自的事务。当时就跟现在一样，政府将所有法国人置于严密的管理监督之下。不管"蛮横"这个词当时有没有被造出来，至少它的确已经是活生生的现实了。

■ 政治广角

荒诞的卖官鬻爵

托克维尔给我们描述了这样一个时代——城市的各级职务成为一种商品，城市的永久统治权可以买卖，而做这桩"大买卖"的不是别人，正是国王。

在中国古代，对这一现象有一个专门的词汇，叫"卖官鬻爵"。《辞源》上对这个词的解释是"纳贿，而授人以官爵也"。也就是说，统治者以纳贿形式，出卖官职、爵位以聚敛财富。卖官鬻爵的现象最先出现于秦始皇四年（前243年），《史记》记载："十月庚寅，蝗虫从东方来，蔽天，天下疫，百姓纳粟千石，拜爵一级。"那一年发蝗灾，闹饥荒瘟疫，官府规定，能交出粟米一千石的百姓可以晋升爵位一级。有了爵位，就会拥有很多权益和地位，像赐邑赐税、免除徭役、减刑抵罪、赎取奴隶等，这比居官俸禄要优厚得多。

随后的各个朝代都有卖官鬻爵现象。这一做法在某些朝代有正面意义，如汉文帝刘恒就曾采纳晁错的建议，规定百姓可以用粮食买爵，向朝廷缴纳的粮食越多买的爵位就越高，同时百姓还可以用粮食赎罪、顶差役、顶赋税。汉文帝的这一举措大大刺激了百姓务农重农的积极性，促进了全国的粮食生产。

但是，随着后来的演变，卖官鬻爵的政治隐患越来越大，它被某些皇帝和权臣用作大肆敛财的工具，谁出的钱多，谁的官职就高，而买官者的能力、德行已经不那么重要了。久而久之，卖官鬻爵泛滥成灾，使得整个政治体制、社会结构混乱不堪，并成为一个王朝走向政治腐败深渊的催化剂。

·第四章·

行政法院与官员保护制是旧制度的体制

本章导读

◎ 普通法官必须绝对服从既定法规，他们有义务镇压违法行为，但是，御前会议永远可以出于实用目的违反法规。

◎ 权力的混乱带来的是高度的危险。法庭干预政府，会对案件有害；而政府干预法庭，则会使人堕落，使人兼具可怕的革命性和可悲的奴性。相形之下，政府干预法庭，其后果更具危险性。

◎ 君主制下的政府其实跟今天的政府一样，千方百计使自己的官员免于尴尬的处境，不让他们像普通公民那样，在法庭上认罪。这两个时代之间唯一实质性的差异在于：大革命之前，政府庇护官员靠的是不合法的专横手段；而大革命之后，政府可以借助宪法之中的这一特别条款合法地、堂而皇之地包庇触犯法律的官员。

法国自大革命以来，司法权与行政权分离，这是极大的进步，但是政府依然不断强行介入司法的天然范畴，司法还只能听之任之。通过在普通法庭之外另设行政法院，通过调案，通过御前会议与总督，政府给自己设置了全方位的"保护伞"。从要员到小吏，只要与政府扯上一丝一缕的关系，都可以躲进这把保护伞，得以安身保命。这样的行政法院，这样的官员保护制度，就本质而言，是旧制度残留下来的体制，正是由于这些旧的、不合理的体制，使得司法权从来未能全面履行它的职权。

在整个欧洲，没有哪个国家的普通法庭能比法国的普通法庭更独立于政府之外，但同时，也没有哪一个国家像法国这样，如此频繁地使用特别法庭。这本属矛盾的两方面在法国却结合得那么自然、那么紧密，不能不令人惊讶。

在法国，国王是难以左右法官的命运的，不能将其撤职，不能调离，当然也不能擢升，总之，国王无法以威胁恐吓之，亦无法以利禄引诱之。于是，不多久，国王就感觉到，法官的这种独立性，妨碍了他的行动。这种法国所特有的状况使得国王总是避免将那些直接或间接涉及王权的案件交给法庭受理，国王采取了另一种战术，他在普通法庭之外，另创了一个国王专用的听命于他的法庭。在臣民眼中，这个特别法庭看起来跟法院差不多，但实际上，这个法庭是国王所掌控的法庭，它永远不会令国王感到受威胁，感到害怕。

在其他一些国家，譬如德国的某些地区，普通法庭从没有像法国当时的法庭一样，独立于政府之外，因此便不需要这样的防范措施，不存在这样的行政法院。国王有足够的权威控制法官，所以无须另起炉灶，委派专员。

如果我们细读君主制的最后那个世纪里国王所颁布的宣言与敕令，以及同时期御前会议发布的命令，就能看出，政府在实行某项措施之后，往往会留一招后手，它会附上这样一层意思——该措施所引起的争议或可能因此产生的一切诉讼，均提交总督与御前会议处理。这层意思用当时的公文来说，就是："国王陛下命令，因执行此令及附属条令所引起的一切争议，一律提交总督或御前会议裁决。我们的法庭与法官不受理此类案件。"

在某些案件中，如果未能采取这一防范措施，御前会议依然有补救办法，那就是通过调案①来进行干预，从普通法庭手中夺走所有涉及政府的案件，收归御前会议自行处理。在御前会议的登记册中，这一类调案命令到处可见。

渐渐地，这种例外演变成一种众人心知肚明的普遍现象。虽然没有白纸黑字写进法律，但执法者心中已经有了这样一把量尺——只要是涉及公共利益或者因政府法令所引起的诉讼，均不属于普通法庭的管辖范围，普通法庭一般只宣判涉及私人利益的案子。

从此，有关征税、车辆运输、公共治安、道路河流航运等事

---

① **调案**

调案，这里是指将一法庭正常受理的诉讼案转移至另一法庭。借助这一手段，可以将原先理应属于普通法庭审理的案件调至特别法庭处理，或者由御前会议这一行政机构处理。久而久之，就形成了普通法庭只受理涉及私人利益的案件，而涉及政府或公共利益的案件由特别法庭或御前会议审理的规则。

务，统统归总督和御前会议来审理。总之，只有行政法院才能受理涉及政府的所有诉讼案件。

总督颇费苦心，不断扩大这种特别司法权限。一位官员关于"调案"的说法很值得一提，他说："普通法官必须绝对服从既定法规，他们有义务镇压违法行为，但是，御前会议永远可以出于实用目的违反法规。"

奉行这一原则，总督或御前会议越加放得开，有些与政府没有明显牵连甚至明显毫无牵连的案子，他们也会拿过去亲自审理。

比方说，某位贵族与邻里起了矛盾，不服普通法院法官的判决，贵族就要求御前会议将此案进行调案。而当监察官被诘问此案时，他的答复是："尽管这个案件涉及的只是私人权利问题，本应由普通法庭受理，但是当国王陛下愿意时，他永远有权调案，无须给出任何说明。"

这样一来，所有以某些暴力行为扰乱秩序的平民案件，就会通过调案落入总督或者骑警队手中。大多数因粮价过高而爆发的骚乱案件也常被调案。总督为了方便审理，亲自选定多个拥有大学学位的人，组成了一个类似临时法庭的机构来审理这些刑事案件。我曾找到过一些这种临时法庭所判决的案件，有一些人被判服苦役，甚至是死刑。自17世纪以来，总督审理的刑事案件非常之多。

近代法学家认为，自大革命以来，行政法已经取得了极大的进步。他们说："从前，司法权与行政权混淆在一起，而从大革命以后，它们被区隔开来，各归各位。"

要想真正理解这种进步，我们就不能忘记两点：其一，旧制度下，司法权不断超出其权力的自然范畴；其二，司法权从未能全面履行它的职权。如果对这两点只知其一不知其二，那么，我们就很容易形成片面的甚至错误的看法。

有时候，法庭获准制定政府规章，这很显然已经超出了法庭的职能范围；有时，法庭又被禁止审理那些本该由其审理的诉讼，这又等于被剥夺了本身的职能。我们的确已经将司法权剥离出行政领域，过去的旧制度将司法与行政混在一起是极不妥当的，但是，同时，正如人们所看到的那样，政府不断强行介入司法的天然范畴，而司法只能听之任之。

权力的混乱带来的是高度的危险。法庭干预政府，会对案件有害；而政府干预法庭，则会使人堕落，使人兼具可怕的革命性和可悲的奴性。相形之下，政府干预法庭，其后果更具危险性。

在60年来法国永久确立的9部或是10部宪法中，有一则特别的条款规定：任何政府官员，在未经事先批准之下，不得由普通法庭起诉。这是个相当精妙的发明。也正因此，人们在推翻这部宪法之时，独独从废墟中将这一条款"捞"了上来，而后又费尽心机保护它免遭革命摧残。官员们将这一条款所授予的特权视为1789年大革命的"伟大成果"。

然而，他们似乎在某些地方搞错了。君主制下的政府其实跟今天的政府一样，千方百计使自己的官员免于尴尬的处境，不让他们像普通公民那样，在法庭上认罪。这两个时代之间唯一实质性的差异在于：大革命之前，政府庇护政府官员靠的是不合法的专横手段；而大革命之后，政府可以借助宪法之中的这一特别条款合法地、堂而皇之地包庇触犯法律的官员。

如果旧制度的法庭想要起诉中央政权的任何一个官员，必须面对御前会议所做的那一道规定：被告不在法官的受理范围之内，案件应转交御前会议指定的专员审理。正如当时行政法院的一位成员所分析的那样，被攻击的官员会让普通法庭的法官脑中形成偏见，进而危害到王权。这类调案不是偶然才发生一次，而是几乎天天都有，从要员到芝麻小官，只要与政府扯上一丝一缕的关系，就可以放开胆，除了政府之外天不怕地不怕。

比如，公路桥梁工程局有个指挥徭役的监工被一个备受他虐待的农民控诉了，总工程师立即致信总督说："这个监工的确该受指责，但要考虑此案件的后续影响，不能任由此事态自行发展。在公路桥梁工程局看来，普通法庭不宜听取也不宜受理此诉状。因为此例一开，公众出于对官员的仇恨，势必会连续不断地提出诉讼，工程必将大受影响。"很快，御前会议就将此案宣布为调案。

还有一个案子，一个政府承包人拿了邻人的物资，总督竟然亲自为其向财政总监致信："我简直无法想象，让一个政府承包人站到普通法庭上，任凭普通法庭宣判，这将给政府的利益带来多严重的危害。普通法庭的原则与政府的原则一直就是不相容的。"

看一看这整整一个世纪之前写的几行文字，写下这几句话的政府官员多像我们这个时代的人啊！

■ 政治广角

官员保护制

托克维尔认为，无论是君主制下的旧政府还是他身处的那个时代的政府，都在执行一条旧制度遗存下来的丑恶制度，那就是官员保护制。在君主制下，国王通过设立特别法院，将政府官员置于自己的保护伞下，而在托克维尔所处的那个时代，政府则明目张胆地利用宪法中"特意"保存下来的特别条款来保护官员。

这看起来是政府的"护犊"行为，但实际上这种保护制让政府失去得更多，如公平、平等、法制等。正如现代政治学奠基人马基亚维利在其《君主论》中所说："上有所为，下必效之，因为所有的眼睛都在看着上位者。"

· 第五章 ·

在旧制度的框架上建立新制度，
而不是推翻重来

本章导读

◎ 可以说，人们正是在它的基础上重新制造了另一台高速运转的行政机器。

◎ 它从不试图纠正旧政权机构的一切流弊，只是利用它，并且竭力取而代之。

◎ 真正取得胜利的是那些产生于旧制度的原则。

法国人在大革命中摧毁了旧的制度，仿佛一切都是全新的开始。然而，回顾历史我们却发现，所谓全新的制度其实在大革命之前就已颇具雏形。国家大厦并不是从旧制度废墟上凌空而起，而是用新的砖瓦慢慢渗透旧有的框架，在稳固中逐渐取代，而非推倒重来。

常言道"破而后立，不破不立"，但也有人说"立而后破，不破而立"，是彻底推翻后重建还是循序渐进，稳中求变，或许这段历史对后来者有极大的启示。

现在，请允许我复述一下之前的主要内容：在王国中央拥有一个唯一实体统领全国的政府；设置一位大臣来领导几乎全部的国家事务，在各省派遣一位官员领导一切大小事务，并且没有其他附属的行政机构。

或者我们可以这么说：整个王国只有两个体系——拥有国家授权的职能部门和用来审理与政府有关案件的特别法庭。后者的主要功能往往是庇护所有政府官员。

这不就是我们现在所谓的"中央集权制"吗？与今天的集权制度相比，它的体系还不大明确，它的流程不大规范，它的结构也很不稳定。但不可否认，它与当代的中央集权制度并无二致，从那时候起，它的本质就没有发生太大的变化，只要对现代的中央集权制度进行少许的删删减减，它就马上能够恢复原状。

我之前所描述的制度后来被许多地方效仿，但在当时，它是法国所独有的。很快，我们就能看到它对法国革命及其后果产生了多么巨大的影响。

但法国人是如何在封建社会的废墟上建立起这些制度的呢？

这是一件耗费时日的事业，需要无比的耐心、机智，而不是仅仅依靠武力和权术就可以完成的。在大革命爆发的时候，法国这台古老的国家机器几乎完好无损，可以说，人们正是在它的基础上重新制造了另一台高速运转的行政机器。

没有任何迹象表明旧政府事先就设计好了一幅深思熟虑的蓝图来进行这项困难的工程，事实上，这只是政府渴望独揽大权的一种本能，尽管每个政府官员各有各的不同，但这种本能是相同的。

《将僧侣和贵族背在背上的第三阶级》画于 1790 年

为了确保行政大权集中在政府手中，那些旧政权机构的古老名称和荣誉被保留下来，但它们的权力被不动声色地削减掉了。它们并没有被直接驱逐，而是被引导，被利用。政府利用人性中的惰性、自私，慢慢蚕食着这些旧政权留下的位置；它从不试图纠正旧政权机构的一切流弊，只是利用它，并且竭力取而代之，直到最后，政府终于用自己唯一的代理人——总督——从实际上取代了旧政权的几乎全部人员。事实上，"总督"这一称谓在旧政权问世的时候还闻所未闻。

在集权之路上，最令政府感到棘手的只有司法权，然而很快它就抓住了权力的实质，而把权力的影子留给了反对者。它并没有试图将高等法院排除出行政领域，只是逐渐扩大自己的势力，最后占领这个领域，让法院形同虚设。

只有在饥荒等特殊情况下，法官们的雄心会被鼎沸的民情助长，这个时候中央政府便会象征性地把权力暂时交还给高等法院，允许它来凑个热闹。等到事态平息，中央政府又会重新占据它的位置，并且暗中将所有的人和案件重新置于掌控之下。

如果仔细研究高等法院与王权之间的斗争，你就会发现，这些斗争并没有指向政府本身，而是更多地集中在政策问题上，比如最容易引起争论的新税法。换句话说，敌对双方所争夺的是立法权，而不是行政权，因为行政权已经默认被中央政府垄断，而立法权却是双方都无权占有的。

随着大革命的临近，这一形势表现得更加明显。民众的情绪日益沸腾，使得高等法院日益卷入政治当中；但是由于中央政府及其代理人变得更加老练、更加精明，高等法院几乎不再过问真正的行政问题，在这种情况下，它更像一个保民官，而不是行政官。

况且，随着时代的变迁，中央政府不断开辟新的活动范围，而法庭由于缺乏灵活性，跟不上政府的扩张脚步。另外，新的案件层出不穷，法院在司法实践中往往没有先例可循，这一点与法院的常规是格格不入的。

社会在飞速发展，每时每刻都会产生新的需求，而每一种新需求，都是中央政府新的权力源泉，因为只有中央政府才能满足这些需求。反观法院，由于其职能范围始终是固定不变的，也就无法随着文明本身不断扩大。

大革命的脚步越来越近，所有法国人的头脑都受到前所未有的震撼，而向这些震撼的头脑传播新思想，这是只有中央政府才能完成的任务。因此，在大革命之前，中央政府依然在迅猛发展，并且以惊人的速度完善起来。

仔细研究中央政府档案，我们就会发现，1780 年的总监和总督与 1740 年的总监和总督完全不同，因为政府已被改造。尽管官制没有发生改变，但其精神已经被改造。随着政府变得更加庞大，更加包罗万象，它也变得更加规范，更加开明。它垄断了所有领域，与此同时，却变得温和起来：它的压迫越来越少，而疏导越来越多。

君主制度这个延续已久的庞然大物在大革命一开始就被摧毁，但到 1800 年就被重新恢复。人们通常会认为这是大革命中提出的国家行政权原则最终取得了胜利，其实恰恰相反，真正取得胜利的是那些产生于旧制度的原则，在 1800 年的复辟中，它们全部恢复实施，而且以更稳固的形式被固定下来。

到这里或许有人会问：旧制度的原则究竟是怎样渗透进新社会并且融合得如此天衣无缝？对此我的回答是，如果大革命没有能够消灭中央集权制，那么就意味着中央集权制本身是这场革命的开端和标志。如果进一步探究，我们还会发现另一个事实：当贵族政治被摧毁后，无所适从的人民会自然而然地奔向中央集权制，所有的权力都会趋向于统一，与其抑制这一倾向，不如加速它，一旦这种统一成形，就很难将其分裂。

可以说，尽管旧制度留下的众多体制都被民主革命扫荡一清，但中央集权制被进一步加固了。在这场革命所形成的社会中，中央集权制自然而然地找到了它的位置，以致人们自然而然地将中央集权制列为大革命的丰功伟绩之一。

■ 政治广角

猛烈而又温和的大变革

在大革命之初，法国人民竭尽全力地希望能够抹去旧时代的印记，建立一个全新的世界。但是托克维尔发现，建立一切不能以摧毁一切为代价，一切新的变革都无法一脚踢开旧事物从头再来。

托克维尔以制度的变迁为例说明了这个问题。

大革命似乎摧毁了法国的封建贵族制度，建立了全新的资产阶级中央集权制，但实际上，早在大革命之前，中央集权制的雏形就已经建立，当时的国王们出于对权力的渴望，不动声色地削减封建世袭贵族的权力，但他们并没有直接驱逐贵族，而是通过引导利用的方式，把贵族时代的权力机构或者逐渐蚕食，或者悄然放逐，而在行政权与司法权的抗衡中，他们也没有丝毫打压，只是通过此消彼长的方式，不知不觉间把司法机构挤到了边缘。

或许这才是变革的真谛，绝非狂飙突进的洪流，而是步步为营的渐染，正如老子所说"飘风不终朝，骤雨不终日"。变革的精神应该是猛烈的，但变革的方式必须是温和的。

·第六章·

旧制度下的种种行政风尚

本章导读

◎ 历史是一座画廊，在那里原作很少，复制品很多。

◎ 这座集权的城堡虽然在 1789 年被推翻过，但是它的基座早已深深打入法国人民的心中。

我们总能从旧制度中找到大革命后法国的投影，从官员的行为与心理，法律的作用与地位，到人们对中央政府的依赖，大革命前的法国就像一场精致的彩排，预演着新制度下即将发生的一切。

其实整个历史也是如此，人们总是不断重复过去的一切，却以为自己走在全新的路上，如果不能把过去作为未来的借鉴，未来就只能沦为过去的重播。

从旧时代那些总督的通信中可以发现一个有趣的现象：那个时代的行政官员与我们这个时代几乎没有二致，在两者之间，仿佛并没有存在过将时代分割的大革命分水岭。

统治者如此，被统治者也是如此，立法对于人们精神的影响从来没有这样明显过。

大臣已经萌发出一种愿望："要洞察所有事务，要亲自在巴黎处理一切。"当时这还只是一个想法，随着时代的前进和政府的完善，这套体系日渐成熟。到 18 世纪末，即便只是在某个省份建立一个慈善工场，巴黎的大臣都会亲自监督财政、制定规章乃至选址，甚至于创办一家乞丐收容所都必须向总监汇报所收乞丐的姓名和进出的准确时间。

早在 18 世纪中期（1733 年），达尔让松先生就曾这样写道："几乎所有国务都事无巨细地委托给大臣们处理，任何事情都离不开他们。如果没有了这些人，国家机器就会停滞；如果他们的能力不足以驾驭所拥有的庞大权力，他们就不得不把手里的事务交给手下的办事员，但在交出事务的同时也等于交出了权力，那些办事员将会变成真正的掌权者。"

甚至于，根据总监们的要求，不仅有关事务需要报告，连有关个人的详细情况也需要呈报。接到报告之后，总督会把报告中所提供的情报原封不动地转述给总督代理，就好像他真的亲临现场了解一切一样。

身在巴黎却想要洞悉一切，操控一切，这并不是一件容易的事情，为此，他们发明了上千种手段用来审查地方上送来的报告。

书面文件本身就已经厚得惊人，而行政流程更是慢到了极致，连在教区修个钟楼或者本堂神甫住所这种要求，都至少要花两到三年的时间才能获准。

在 1773 年的一份判决中，御前会议承认："无休无止的行政手续会让人民怨声载道，虽然他们的怨言无比正当，但是手续又是绝对必需的。"

我原以为只有今天的政府官员才热衷于各种统计，但事实上我错了。

旧制度末期，总督经常会收到由总督代理和教区理事填写的小型报表。除此之外，总监也被要求以报告的形式向总督详细叙述诸如土地特性、耕作、产品种类与产量、牲畜头数、工业和居民习俗之类的情报。今天的专区区长与市长也会以这种方式来获得同样的情报，两者同样都很详尽，也同样都很不确切。

在这些报告中，总督代理往往会对其属地的民众做出一些非常负面的评价，他们最经常说的一句话是："农民生性懒惰，若不是迫于活命，就不会干活。"这种观点在当时的官员中十分流行。

大革命前后两个时代的公文语言也没有多大的差距，它们都有着同样的特点：平庸，枯燥，流水账，模棱两可。在无数份公文中找不出丝毫写作者的个性，不管是省长的文字还是总督的文字，都是一个模子刻出来的。

这个问题直到 18 世纪末狄德罗 ① 和卢梭 ② 的特殊行文风格流行

---

① 狄德罗

狄德罗（1713～1784），18 世纪法国唯物主义哲学家、美学家、文学家，其最大成就是主编了法国第一部《百科全书》。此书风靡全法国，甚至巴黎贵妇都会在梳妆台上放两本精装版。该书如此受欢迎，以至于遭到了路易十五的查禁令。

② 卢梭

让·雅克·卢梭（1712～1778），法国伟大的启蒙思想家、哲学家、教育家、文学家，是 18 世纪法国大革命的思想先驱，启蒙运动最卓越的代表人物之一，著有《社会契约论》、《爱弥儿》、《忏悔录》等。

时才有所改观，这些作家作品中通俗的语言、感情充沛的行文感染了行政官员，行政公文中枯燥乏味的套话才慢慢有了一些个性和温情。这样的公文更易打动人心，一位总督代理曾向在巴黎的总督抱怨说："在履行职责时，我常感到一种极其强烈的痛苦，刺痛着充满怜悯的心。"

像今天一样，当时的政府也会向各教区分发慈善救济，当地居民也需要捐献一定数额的财物，总监会对此做出登记。如果他们捐献的数额充足，总监就会在分派清单边上写道：好，满意；如果捐献的数额非常巨大，他就会写上：好，满意并且感动。

政府的官员几乎都是资产阶级，他们有着特有的精神、传统、道德、荣誉感和自尊心，他们已经构成一个新兴的贵族阶级，他们生机勃勃地发展，只等大革命赶走一切绊脚石后，让自己占据舞台中心的机会。

无论是资产阶级还是贵族，所有希望能够站在国家行政体系外操控公共事务的人，对当时的行政当局无一不是怀有强烈的仇恨。而那些想不靠政府帮助便自行成立的独立团体也使政府感到十分畏惧，那些自由结社，不论规模大小、目标如何，都会让政府感到不快，政府只希望那些由它授权并主持的社团存在。与此同时，大型工业财团也让政府很不省心。总而言之，政府不希望公民用任何方式在任何程度上影响政府，它宁可被孤立，也不愿接受竞争。

但是，压迫不能太过，大棒子举起后必须给法国人几块糖，让他们暂时忘却所受的奴役。为了这个目的，政府在宗教、哲学、道德乃至政治种种普遍的、抽象的理论讨论上，给予了民众极其充分的言论自由。政府的底线是绝不能恶意评论哪怕最基层的芝麻官，只要不触犯这条线，即使攻击社会当时赖以存在的基本原则，甚至讨论上帝的问题，政府都能忍受，因为它认为那种事与它无关。

18世纪，人们把报纸称作"加泽特"（gazettes），与其说是报纸不如说是一份文学刊物，因为上面刊登的社会评论远远不如四行诗句受欢迎。尽管如此，政府还是非常觊觎这支力量，所以，它对图书出版很宽容，对报纸却非常苛刻。由于不能随心所欲地取缔报纸，它便努力使报刊转而为政府所专用。我找到一份1761年致王国各总督的通告，其中宣布国王（即路易十五）决定：从今以后，《法兰西报》①将由政府负责监督编排。

这份通告上是这么说的："国王陛下打算增加该报的趣味性，从而确保它能够超越其他报刊，因此，各总督都要向中央寄一份简讯，记录你们财政区内激发公众好奇心的一切，尤其是有关物理学、博物学的奇闻趣事。"通告的最后还附了一份说明，其中宣称，尽管新报纸出版更勤、内容更多，但它的定价设置太高。

收到这份通告后，总督立刻给总督代理写信，下令落实。但一开始，总督代理的回答是："我们一无所知。"为此，大臣只好再发一份通告，斥责各省总督办事不力："奉国王陛下御旨，责成你们严肃认真地负责这件事情，命令并且监督你们的属下完成这一任务。"

---

① 《法兰西报》

《法兰西报》，创办于1631年，是法国第一家报纸。1762年成为官方报，大革命时期更名为《法兰西国民报》，1914年停刊。

有了这份御旨，总督代理们终于开始行动起来：某个地区的报告中讲述了一位走私盐犯（偷运盐）被处绞刑，在刑场表现出巨大勇气的故事；而就在同一个区，另一份报告提到该区有个妇女一胎生3个女孩；第三份报告则描述了一场可怕但是没有造成任何损失的暴风雨。有人曾经评价这份报纸，说他曾十分仔细地阅读，并没有发现报纸上有一件值得一提的大事，不过他仍订了一份如此有趣的报纸，并打算请所有有教养的人都订阅。

然而，在大臣的另一封信中，我们看到这样一句话："为了能让报纸办得更好，国王不辞劳苦，亲自详细了解各项措施，并毫不吝啬地给予了这家报纸应得的殊荣和名气，但是也对自己的旨意如此不受重视表示了极大的不满。"很明显，路易十五的这番努力并没有收到预期中的成效。

这一切和今天多么相似。可见历史是一座画廊，在那里原作很少，复制品很多。

欧洲南部有些国家总会做些非常奇特的事情，它们的政府喜欢控制一切，但似乎只是为了能够让一切都陷入混乱。值得讽刺的是，法国中央政府似乎一直在模仿这些国家的所作所为，总是对自己的职责有清晰的理解，并且表现出极大的积极性。但它的积极性总是毫无收获，甚至反倒有害，因为它总是想做一些自己力不能及，或者超出任何人掌控范围的事情。

政府很少进行必要的改革，即便有也很快就会放弃。任何改革想要成功都离不开一个长期的平稳导入过程，但政府总是不断地更改各种规章或法律，不让任何事物享受片刻安宁和稳定。新规则走马灯般出场又立刻退场，使官员们感到无所适从。某位市政官员曾向总监本人抱怨立法不稳定，说："仅仅财政条例的变化，就会让一个市政官员一辈子除了研究各种新规章外，什么事情都做不了。"

即便法律本身没有更改，执法的方式也每天都在变动。如果不是从旧法国政府遗留的秘密文件中看到政府的工作状态，我根本无法想象法律竟会沦落到如此被人蔑视的地步，甚至连执法者都不再尊重法律，因为那个时候既没有政治议会，也没有报纸，政府官员的权力根本不受限制，可以任意胡作非为，专横跋扈。

御前会议的判决常常引用一些新近制定的法令，这些法令已经颁布，但是还未能实行。国王敕令、宣言、诏书都是神圣而庄严的，但在执行过程中屡屡被变更。通过总督和总监们的信函，我们发现政府总是喜欢援引例外，而不按照自己的规矩办事。我们的政府很少破坏法律，它只是喜欢按自己的意愿扭曲法律。

例如，有一位总督就国家工程招标者要求免交入市税的问题写信给大臣："的确，如果严格按照法令，人人都必须交税，这些人也不例外。不过幸好我谙熟法律事务，我知道，即使拥有最完善的税制，我们也总能找到例外措施，比如那些硬性摊派和随之而来的各种处罚。"

可见，法律条文强硬严酷，看似缜密，但一旦执行就原形毕露，漏洞百出，这是旧制度最大的特点。谁想靠当时的法律文本来判断那个时代，肯定会得出一个荒谬可笑的结论。

举个例子，国王曾于1757年颁布一条法令，规定任何出版物如果有违反宗教或现行制度的内容，其出版者将一律被判死刑，甚至出售这类书籍的书店和书商都将因此受到惩罚。

单看这一条，是不是感觉我们又回到了圣多米尼克时代了？但事实上，这个时代恰恰是伏尔泰 [1] 鼎立文坛的时代。

这就是为什么现在的人们常常抱怨法国人蔑视法律："哎！他们什么时候才能学会尊重法律啊？"现在我们知道，从旧制度的时代这种蔑视就已根植在法国人身上，他们的头脑中根本就没有法律的位置。每个为自己说情的人都要求执法者对自己法外开恩，那种义正词严的态度简直就像在要求别人要遵守法律一样。

他们只有在一种情况下是尊重法律的：当他们需要用另一条法律来帮助自己钻法律空子的时候。

的确，绝大多数人对当局还是全面服从的，但他们的服从并非出于自身对规则的尊重，而仅仅是一种习惯而已。所以只需要一点点情绪的波动，人民就很容易被暴力影响，这个时候，政府也会抬出暴力和专权的武器来镇压人民。

总之，谁都不会想到法律这回事。

18 世纪的法国，中央政权还没有像后来那么健全而有力，但身处中央政府和下层民众之间的中间政权机构已经被摧毁得差不多了。因此在个人眼中，中央政权已成为国家机器上唯一的发动机，公共生活唯一的代理人。

即便是诋毁政府的人，也不得不认同这一点。

---

① **伏尔泰**

伏尔泰（1694～1778），法国启蒙思想家、文学家、哲学家，历经路易十四、路易十五、路易十六三个封建王朝的统治，是 18 世纪法国资产阶级启蒙运动的旗手，被誉为"法兰西思想之王"、"法兰西最优秀的诗人"、"欧洲的良心"。他不仅在哲学、文学上成就斐然，更以捍卫公民自由与司法公正而闻名。

当法国社会开始陷入大革命前的长期困惑时，关于如何构建社会与政府新体的思想百家争鸣。这些改革家们虽然目标各不相同，手段却出奇的一致：无不希望借助中央政权的手来摧毁一切，并按照他们设计的新方案再造一切。在他们眼里，只有中央政府才能完成这种宏大的任务。

他们相信，国家力量应像国家权力一样不受限制，真正的问题不是限制力量，而是劝说它恰当地使用它的力量。

老米拉波 [1] 是个极端迷恋贵族权利的老牌贵族，他把总督直截了当地称为"僭越者"，他相信，如果把挑选法官的权力全部交给政府，用不了多久，法庭就会变成政府的"特派员团伙"。

即便如此，老米拉波本人依然信赖中央政府，他相信只有中央政府才有能力把他的幻想变成现实。

这样的想法绝不仅仅停留在书面的议论中，而是渗透到了每个人的精神中，与时代风气融为一体，进入社会生活的习惯中，深入政治生活的理念中，最终变成日常生活的一部分。

所有人都相信，没有国家的介入，就不可能办成任何重要的事情。

一个简单的例子：农民总是最反对各种强加的清规戒律，但就连他们自己都认为，政府要对农业生产长期停滞不前的状况负主要责任，因为政府既没有提供足够的咨询，也没有提供足够的帮助。

---

① **老米拉波**

老米拉波（1715～1789）。重农学派代表人物，是立宪派领袖米拉波伯爵之父。

有一个农民写信给总督，他的口气很气愤："政府为什么不派遣巡视员，每年在各省巡视一遍农作物状况？为什么不派人来教育农人如何改进耕作方法，告诉他们如何饲养牲畜、如何出售农产品？这些巡视员应当得到丰厚的报酬，而做得最出色的农民也应该获得荣誉奖。"

巡视员和十字勋章！英国或者其他国家的农夫是绝对想象不到这些创意的。

绝大多数法国人相信，只有政府才能确保公共秩序：普通人害怕骑警队，而资产阶级信任骑警队。对双方来说，骑警队的骑兵不光是秩序的主要捍卫者，甚至就是秩序本身。正如吉耶纳省议会所说的："任何无法无天的人，只要一看到骑警队的骑兵就乖乖地收敛起来，这是有目共睹的事实。"所以，每个人都希望自己门口有一队骑兵在巡逻，辖区总督每天都会收到很多份类似的请求，人们都把自己置身于被保护人的角色，却忘了被保护的那个人很可能就是主人。

这是法国特有的现象。

那些逃亡贵族跑到英国后，发现英国居然没有这种自卫队，他们对此震惊不已，甚至连带着对英国人也十分蔑视。有这样一个人，虽然他德才优异，但是很明显，他根本无法接受这一事实，他写道："真是难以置信！英国佬被偷抢了之后居然反倒庆幸，说至少他们国家没有骑警队。这些人和我们一样痛恨糟糕的治安条件，但是看到煽动分子没有被驱逐却感到很欣慰，认为法律的规定高于一切。"他进一步说道："当然，并不是每个人都有这种错误的思想，有些智者的想法就与之相反，久而久之，智慧肯定会占上风。"

英国这些所谓的"怪现状"，很可能与他们正在享受的自由有某种关系，但这位流亡贵族没有想到这一点。他爱用更科学的原因来解释这一现象："潮湿的气候和缺乏活力的空气都会给人的性格留下阴暗色彩，这样的国民自然会热衷于一些严肃的事情，所以他们天性就关注国家政治。相反，法国人民就没有这样的爱好和天性。"

在法国，政府就像世俗世界的上帝一样，每个人的世俗欲求都会向政府祈求。

最典型的证明就是铺天盖地的诉状。虽然这些诉状都会打着公共利益的名号，但其实涉及的都是琐碎私利。如果说有什么地方能够聚集旧制度法国所有的阶级，那恐怕只有装有诉状的文件箱了。

这些诉状读起来让人非常忧郁，都是农民要求赔偿他们牲畜或房屋的损失；富人要求政府帮助他们开发土地；工商业者恳求总督给予特权，让自己在竞争中获利。最常见的，是制造商对总督抱怨生意不好，请求他向总监申请救助或贷款——为了这个目的，还设立了一笔基金。

有时候连贵族也加入了恳求政府的行列——尽管他们在乞求时依然保持高傲的态度。他们向政府恳求的主题基本上围绕着二十分之一税。二十分之一税的税额是御前会议根据总督每年的报告制定的，因此贵族会经常写信给总督，要求延期或免除税务。

这类请求信我读过很多，写信的人都是有封号的贵族，而且还都是大领主。他们会在信里以诉说自己收入不足或者近况不佳作为开场白。还有一个很有趣的细节：一般来说，贵族称呼总督为"先生"，不过我注意到，在请求书中，贵族会像一个普通资产者一样，称呼总督为"阁下"。

这些请求信中，穷困与傲慢有时以一种可笑的方式结合在一起。例如，我在一个贵族给总督的致函中读到这样一句话："我知道您有一颗敏感的心，您绝不会同意让一个贵族的父亲像一个平民的父亲一样，被课以二十分之一税，并且分文不差。"

18 世纪的法国饥荒不断，一旦发生饥荒，各财政区的居民都会不约而同地求助于总督，仿佛所有的粮食都在他的手里。人们似乎习惯了因为吃不饱饭、赚不到钱而指责政府，连那些完全不可控的灾祸都归咎于政府，比如季节气候异常，那也是政府的错。

因此，看到拿破仑轻而易举地在法国重建中央集权制，我们没有任何理由惊讶。这座集权的城堡虽然在 1789 年被推翻过，但是它的基座早已深深打入法国人民的心中，只要一个合适的机会，它必然以极为迅捷的速度重新崛起，而且比以往更加坚不可摧。

■ 政治广角

谁在践踏法律

在这一章中，托克维尔提到旧制度下法国的一个普遍现象：立法的混乱和执法的懈怠。为此，他举了一个很有意思的例子：如果光读法条，当时的法国无疑是一个极端文化专制的国家，但事实是，那个时代伏尔泰等启蒙思想家正在书房里奋笔疾书。

托克维尔举了一个相对正面的例子，但是在一个有法不依的社会里，更多的故事必然以悲剧的形式展开。

　　当时的法国不是不重视法律，相反，政府从来没有停止过对法律的颁布、更改与废止。而问题也恰恰出在这里。过于频繁的法律变动导致人民和执法者无所适从，而数量冗杂、相互之间又缺乏严密体系的法律也让钻空子变得十分容易。于是，法律被无视和扭曲，再也没有人尊重它。正如托克维尔所说：我们很少破坏法律，只是喜欢按自己的意愿扭曲法律。

　　法律条文并不等于法律。法律的核心是权威，失去了严肃性的法律，等于没有法律。

　　法制建设并不仅仅是用法律条文涵盖社会的每一个角落，更重要的是立法的严密和执法的严谨，只有从立法和执法两个层面确立法律的权威，法治才能真正切实有效地落实。

·第七章·

巴黎为什么能压倒外省，成为法国的全部

本章导读

◎ 首都的优势是必要的，但是如果一个人的脑袋太大，身体肯定会支撑不住，最后崩溃。

◎ 行政上的中央集权制和巴黎的至高无上权力，是大革命40年来所有政权不断垮台更迭的重要原因。

大革命之前的200年，巴黎的权势一直以惊人的速度膨胀，吞噬着整个法国。到18世纪末，巴黎终于成为法国政治、经济与文化的全部。与此同时，随着巴黎制造业的迅猛发展，越来越多的工人聚集到巴黎。

谁成为巴黎的主人，谁就能成为法兰西的主人。但没有人意识到，巴黎的新主人即将诞生。

相比于其他城市，一个国家的首都拥有无与伦比的政治优势，这一优势并非源自首都的地理位置，也不是因为它很宏伟，当然更不是因为首都有宫殿。首都政治优势的唯一来源，是国家政府的性质。

伦敦的居民加起来有一个王国那么多，但它至今都未能主导大不列颠的命运。也不会有人设想某天纽约人民能够决定美国的命运，甚至连纽约的居民自己都不敢想象单凭纽约市的意志就能领导整个国家事务——尽管纽约市的人口与大革命爆发时的巴黎相当。

即便是巴黎，宗教战争①时期人口占全国人口的百分比也是可以和 1789 年的巴黎相媲美的。然而，当时的它没有决定国家命运的能力。在投石党运动②时，巴黎的地位仅仅是"法国第一大城市"而已。

可是到了 1789 年，巴黎已成为法国本身。

早在 1740 年，在孟德斯鸠③给朋友的一封信中出现了这样一句话："法国有两个地区——巴黎和外省，这是因为巴黎还来不及

---

① 宗教战争

法国宗教战争，又名胡格诺战争，是指 1562 年至 1598 年法国天主教势力与新教胡格诺派之间的一场长期战争。它虽有明显的宗教色彩，但实质上是一场内战。这场战争是法国历史上一段无政府状态时期，对 16 世纪的法国造成了很大破坏。

② 投石党运动

投石党运动，又名福隆德运动，发生于 1648 年至 1653 年，是大革命之前法兰西波旁王朝历史上最大的一次反对专制王权的政治运动。当时，路易十四年幼，由红衣主教马萨林任首相，马萨林的支持者曾遭到人们投石破坏窗户，因此得名"投石党"运动。

③ 孟德斯鸠

孟德斯鸠（1689～1755），18 世纪法国启蒙时代的著名思想家，近代欧洲比较早的系统研究古代东方社会与法律文化的著名学者，他创作的《论法的精神》这部集大成的著述极大地影响了欧洲人对东方政治与法律文化的看法。

把它以外的其他地方全部吞噬。"1750 年，那位热爱玄想但有时也会有真知灼见的米拉波侯爵不指名地谈论过巴黎，他的原话是："首都的优势是必要的，但是如果一个人的脑袋太大，身体肯定会支撑不住，最后崩溃。如果外省变成了首都的附庸，外省居民被视为二等臣民；如果把全国最杰出的人全部吸收到首都，却不给外省居民留下发展的前途和希望，那么后果将会如何？"在米拉波看来，这是一种"暗中的革命"，它从外省抽走了显贵、富商，以及所有人才。

造成这一现象的原因前面几章已经有所论述，这里就不再重复。

这场"暗中的革命"当然没能躲过政府的眼睛，但这场革命带给政府的震撼仅限于最表面的现象，那就是城市的扩张。随着巴黎一天天扩大，政府开始担忧自己无法治理一个如此庞大的城市。所以在 17、18 世纪，国王们颁布了许多敕令来阻止城市的扩建。

君主们努力将整个法国公共生活集中于巴黎城内或巴黎郊区，却不希望巴黎的规模扩大，这是一个难以实现的矛盾。

在巴黎建造新房屋被明令禁止，除非花上一大笔难以承受的高价，才能在一些糟糕的地段盖房子。这样的敕令发了无数条，每一条敕令都在陈述一个无奈的事实，那就是前一条敕令并没有阻止巴黎扩大。路易十四在全盛时期曾 6 次试图阻止巴黎发展，但巴黎依然毫无顾忌地野蛮生长，不断壮大。

比巴黎的城墙生长更快的，是巴黎的重要地位。而让巴黎拥有这种重要地位的事件却不是发生在巴黎，而是来自巴黎的城墙之外。

就在巴黎迅速扩建的同时，地方的自由权利却在不断消失。地区之间的独立性逐渐减弱，省份之间的面貌差异正在逐渐模糊，旧日公共生活的最后痕迹正在被磨去。可是，国家并没有因此衰弱，各种运动在各地爆发，只不过这些运动的原动力都集中在巴黎。

有无数事例可以证明这一点，在此我仅举一例：在许多描述全国出版状况的报告中，我发现外省城市在 16 世纪和 17 世纪初曾经拥有过一些巨大的印刷厂，但是到 18 世纪，这些印刷厂要么没有了印刷工，要么就干脆没有活干。毫无疑问，18 世纪所印刷的书籍绝对不会比 16 世纪少，可是，18 世纪的思想全部集中在中央，外省被遗忘了。

巴黎已经吞噬了外省。

这场"暗中的革命"，到法国大革命爆发之际，已经全部完成。

阿瑟·扬在三级会议召开后不久、攻克巴士底狱前没几天的时候离开巴黎，他亲眼目睹了大革命前夕巴黎与外省的鲜明对比。

在巴黎，一切都在沸腾，那种宣传政治的小册子每时每刻都在问世，最多的时候一周就能发行 92 册。对此，阿瑟·扬惊叹说："我在伦敦都没见过这么大规模的出版发行运动。"

可是一离开巴黎，他就感觉陷入一片死气沉沉：在外省，人们很少发行小册子，而且根本没有报纸。

但外省的民众跟巴黎人一样群情激昂，一触即发，他们只是暂时还未采取行动，公民们即便有时集会，也是为了听取巴黎传来的消息。每到一座城市，阿瑟·扬都会询问居民们接下去打算做什么，在每个城市他都得到了同样的回答："我们只不过是一个外省城市，我们必须看看巴黎打算怎么干。"对此，阿瑟·扬评价说："在知道巴黎想干什么之前，这些人甚至都不敢有自己的想法。"

更令人感到诧异的是，制宪议会[①]竟然能够一举废除法国所有的省份，然后像切蛋糕一样将法国重新划分为 83 个区域。要知道，这些被废除的省份比君主制还要古老。对此毫无准备的欧洲被法国震惊了，伯克说："这是我第一次看到人们用这样野蛮的方法强行分割自己的国家。"实际上，人们撕裂的不是活生生的躯体，而是早已死去的尸体。

就这样，巴黎终于从外部取得了至高无上的权力，而巴黎内部也完成了一个历史性的转变。此刻的巴黎，不再只是交换、贸易、消费和娱乐的城市，它已然成为一座巨大的工厂，成为全法国制造业的中心。

这样的转变，让巴黎变得更加令人生畏。

其实巴黎的手工业一直在不停发展，从中世纪开始，巴黎就已经是法国最大、手艺最巧的城市。到了近代，随着国家权力完全被集中到巴黎，手工业也跟着聚集在此处。巴黎越来越成为时尚的典范和仲裁者，它不仅是权力的中心，而且变成了艺术的中

---

① 制宪议会

制宪议会，是指一个为起草和通过宪法而成立的主体，其前身是法国国民议会。1789 年 7 月 9 日，资产阶级代表与路易十六决裂而成立国民制宪议会，1791 年 9 月 30 日解散，曾发表著名的《人权与公民权利宣言》。

心，成为全国活动的主要起源地，这反过来促使法国的手工业更加收缩集中于巴黎。

虽然旧法国的统计资料不算太可靠，但我还是可以很有把握地说，巴黎工人的数字在法国革命前 60 年间已经增长了两倍，而这段时间巴黎总人口的增长率才 30%。

巴黎之所以能够将工人从法国各个角落吸引过来，并逐渐使他们聚集在某几个区内——这些区最终成为工人区——除了之前讲到的普遍原因之外，还有一个极其特殊的原因，就是巴黎的手工业所面临的财政立法等障碍比法国其他地方要少。在巴黎，工匠可以很轻易地摆脱行业师父的束缚，在某些郊区，比如圣安托万区和唐普尔区，手工业者享有极大的特权。而路易十六更加扩大了圣安托万区的这些特权，于是大量的工人聚集在该区。"要给圣安托万区工人更多的保护，使他们避免那些损害他们利益的同时也损害贸易自由的种种障碍。"在一份敕令中，路易十六如是说。

大革命前夕，巴黎的制造业像膨胀的怪物一样飞速成长，密集的工厂、高炉终于让政府警觉起来。工业的发展开始让政府感到恐惧，在 1782 年御前会议的一份判决上我们看到这样一句话："鉴于制造业的飞跃发展导致木材的消耗，影响到城市的生活补给，国王禁止今后在城市方圆 15 里之内建造此类工厂。"

当局的恐惧中充满了不切实际的臆想，而这种人口聚集会产生的真正危险，却没有人察觉到。

就这样，巴黎取代了法兰西，法兰西变成了巴黎。在这里，一支军队已经悄悄汇集，在不久的将来，这支军队将成为巴黎的主人，成为法兰西的主人。

许多人一致认为，行政上的中央集权制和巴黎的至高无上权力，是大革命40年来所有政权不断垮台更迭的重要原因。的确如此，这是旧君主制突然之间猛烈毁灭的很大一部分缘由，也是孕育一系列大革命的主因之一。

■ 政治广角

首都，造血机还是抽血机

"首都的优势是必要的，但是如果一个人的脑袋太大，身体肯定会支撑不住，最后崩溃。如果外省变成了首都的附庸，外省居民被视为二等臣民；如果把全国最杰出的人全部吸收到首都，却不给外省居民留下发展的前途和希望，那么后果将会如何？"

这个问题其实早已被历史回答过无数次，而且答案是相同的。17、18世纪的巴黎成了全法国的中心，最后成为法国本身，而外省则从政治、经济甚至文化、思想上全面丧失独立性，成了唯巴黎马首是瞻的附庸。

在一个国家中，拥有绝对政治优势的首都无疑会吸引无数优质资源，这是在所难免的。但是，如何避免首都成为抽血机，如何让首都在接受全国输血之后反过来成为全国政治经济文化的造血机，这是值得我们深思的。

·第八章·

人们彼此之间变得如此相似，近乎千人一面

本章导读

◎ 一个政治经济文化大一统的国家已经隐约可见。

◎ 不同的阶级之间正在变得越来越像。

◎ 人们彼此相似，却互不关心彼此的命运。

随着中央集权制度的巩固，封建制度逐渐没落，世袭贵族失去了政治权力，随之日益贫困化。与此同时，一部分第三等级的平民却迅速崛起，成为新兴资产阶级，与贵族阶层分庭抗礼。

这两个阶级的人们拥有数量巨大的财富，过着相似的生活，受过相似的教育，参加相似的社会活动，逐渐变成一群相似的人——却永远无法变成同一种人。相反，他们相互之间陷入前所未有的冷漠和敌视中。

仔细察看旧制度下的法国，你会发现两种截然相反的景象。

从表面上看，生活在旧制度下的人，尤其是那些身处社会中上层的精英人士，他们彼此之间非常相似，简直是一个模子刻出

《无套裤汉》路易斯－利奥波德·布瓦伊（法国）1761～1845

来的。

但是，相似的背后隐藏着相异，这群几乎一模一样的人又彼此划分为许多个小群落，每一个小群落都是一个独立的社会，人们只在意自己的利益，毫不关心整个群体的情况。

正是这样抱团结党的习惯，使得法国公民比任何地方的公民更缺乏凝聚力，很难在危机到来的时候共同进退，团结一致。这就是为什么法国的社会体系会在一场革命面前瞬间崩塌。这场动荡同时也消灭了小群落之间的围墙，我已经看到了法国社会正在融合成紧密一致的社会。它比这个世界上的任何社会都更统一协调，也更冰冷。

之前说过，18世纪法国各省之间的文化思想差距正在消失，法国人彼此之间已经没有太大的差异，一个政治经济文化大一统的国家已经隐约可见，而立法的一致性正是国家统一的表现。

18世纪，国王的敕令文告、御前会议的判决数量日益增加，这代表整个王国都在以同一种方式执行同样的规章制度。不仅仅统治者，被统治者也认为全国的法律法规应该是统一一致的。大革命爆发前30年，政府多次推行的改革规划中无不体现了这一思想，而这种思想在200年前是很难产生的。

法国人彼此之间的相似性不仅体现在各省之间差异的缩小，同时也体现在地位不同的阶级之间正在变得越来越像。

从1789年不同等级提交的陈情书中，我们可以明显地发现这一点，撇开各阶层不可调和的利益矛盾，在其他方面他们已经极为相似。

但是如果把目光转向三级会议，则定然会看到一幅截然相反的场景：在这里，资产阶级和贵族有着共同的利益诉求，做着相同的事情，他们之间的差异与冲突小得可以忽略不计，但是，他们在本质上依然属于两个截然不同的种族。只是随着社会的发展，这两个人群彼此之间的相似度越来越高。

导致这种相似性的重要原因是贵族正在变得越来越贫困，尽管保护贵族财产的法律并没有更改，贵族的经济地位也没变，但贵族的权力正在逐渐丧失，失去了权力的贵族就像无源之水、无本之木，贫困也就不可避免地发生了。1775 年，一位贵族曾悲伤地写下这样一句话："尽管享有特权，贵族每天都在破产、消亡，第三等级却占有财富。"

这是历史发展的必然，人类社会就像人的身体，除了内脏、肌肉、骨骼这些看得见的器官之外，还有一种看不见的生命力量，器官决定着生命的运行方式，而生命力量决定生命是否存在。

当生命之火熄灭，即使器官依然健壮，它也免不了走向衰亡。而法国贵族得以存在所依赖的生命力量，早已随着中央集权制度的巩固而消散了。

尽管法国贵族还享受着免税权等种种权利，以及世袭这些权利的权利，但是他们的贫困、衰亡还是在所难免。从某种程度上讲，我们在前文中提到的那种大规模的地产划分也正是贵族逐渐贫穷化导致的。

破产的贵族不得不将自己的土地分割出卖给农民，只收取象征意义上的定期租金用来维护自己贵族的门面。在利穆赞等许多省份，真正的贵族已经消亡，只剩下不再拥有土地的没落贵族。正如 19 世纪初一位总督所说："我的财政区依然有几千家拥有贵族头衔的家庭，但是年收入能够达到 20000 里弗尔的却不到 15 个家庭。"更早的时候，还有一位总督曾对自己的继任者说："这里的贵族都很和善，但是都很穷，他们既高傲又贫困，这让他们时刻陷入巨大的屈辱中。让这些贵族继续贫困下去，让他们向我们求援，这绝非一条坏政策。"然后总督又描述了这样一个有趣的场景："这些贵族组建了一个团体，只接纳能证明自己有贵族血统的人。这个团体没有得到许可证，不过我们还是能够容忍它。每年它都会召集一次会议，他们会在一起用餐，一起做弥撒，然后各自回家。回家的路上，有些人骑着干瘦的老马，有些人连老马都没有只能步行。你无法想象这种集会有多么滑稽。"

事实上，当时不仅是法国，整个欧洲范围内的贵族都正在日益贫困化，尤其是在德意志民族中，这点表现得尤为明显——贵族赖以生存的封建制度已经消失，但又没有新的贵族制形式来代替它。

只有英国是个例外，那里的古老贵族世家不仅没有没落，反而积累了大量财富，而且他们依然保持着自己的权力，那些新成长起来的贵族只能模仿他们，却无法超越。

在法国，没落贵族的财产大部分被平民继承，所以有人说法国的新贵阶层是靠汲取贵族养分壮大起来的。尽管没有任何法律阻止资产阶级破产，也没有任何法律帮助有产者致富，但他们的财富还是如滚雪球一样日益积累壮大，他们逐渐变得和贵族一样富有，有时比贵族还要阔气。

而且这些资产阶级财富结构和贵族是相同的：他们平时住在城里，但在乡下拥有大量田产，有时甚至还有自己的领地。

除了财富之外，教育和生活方式也使得这两种人具有无数相似之处。资产阶级的学识并不比贵族差，甚至他们的知识来源都是相同的。

资产阶级和贵族都沐浴在同样的光芒下，巴黎是他们共同的导师，也是法兰西唯一的导师，它已赋予一切人以同一本质和共同的行为习惯。

在 18 世纪末，资产阶级的行为举止还和正统贵族有着细微的差异，毕竟一个人的修养要经过很长时间才能塑造起来，但是从本质上来看，这些身居社会中上层的精英阶层已经完全一致了：他们的思想相同，习惯相同，爱好相同，从事的娱乐相同，阅读的书籍也相同，当然，他们的语言也相同。

除了世代累积下来的权利有所不同外，他们没有丝毫本质上的差异。我相信，在当时欧洲的其他国家，贵族和资产阶级很难拥有如此高度的一致性，即使是在各阶层都被共同利益捆绑的英国也不可能达到这种程度。

因为，自由的政治体制之下，尽管各阶层公民之间的命运相互关联、相互依附，但他们彼此之间绝不可能相等。相反，只有在专制独裁的政治体制下，人们才能彼此相似，却互不关心彼此的命运。

这是专制政体导致的必然。

■ 政治广角

可以没有差异，但是不能孤立

在大革命前夕，随着政治文化大一统趋势的进一步发展，法国各省各地各阶层之间变得日益相似。托克维尔对此并无过多的褒贬，但是他抛出了另一个问题：尽管人们正在变得相似，但同时也正在相互孤立。

一群在思想文化上相似的人，却在政治经济上相互孤立，产生这一现象的最重要原因就是利益上的分割。在专制体制下，各阶层拥有自己的利益，相互之间毫无联系且泾渭分明。

这是一个可怕的现象，因为孤立意味着各自为战，意味着没有人再关心其他人，大家的眼睛只盯着自己的小算盘，整个国家分裂为一个个形同陌路甚至相互敌视的利益集团。而受害最大的，无疑是整个国家和趋利避害能力最差的平民阶层。

因此，每一个阶层彼此之间应该有着唇亡齿寒的利害联系，相互之间此消彼长，彼此制衡——这才是一个正常社会应有的形态。

· 第九章 ·

如此相似的人却相互孤立，彼此漠不关心

本章导读

◎ 资产阶级和贵族阶层在公共生活领域的联系从此被割裂，他们再也没有联手合作的需求和机会。

◎ 有很多方法能把所有人与人之间的阶级差异彰显出来，而税收不平等是其中危害最大的方法。

◎ 资产阶级内部的每个小团体全部变成了一群闭关自守的自私自利者，几乎不再关心城市的整体利益。

高度集权下的法国，人与人之间的差异逐渐缩小，然而人与人之间的距离被一天天拉大。资产阶级与贵族阶层早已分道扬镳，他们与底层人民之间也变得形同陌路，甚至各阶层内部都被分割成许多小团体，彼此之间相互孤立。

没有人再去关心公共事务和国家利益，每个人都退回自己的孤岛，双眼紧紧盯着自己的一亩三分地，这样的民族，终将变为一盘散沙。

上一章我们解读了法国人相似的一面，这一章我们要观察的是法国人的另一面：这些彼此如此相似的法国人，反而会比其他国家的人更加互不关心，互相孤立。即使是在法国历史上，这种现象也是绝无仅有的。

封建制度刚刚在欧洲建立的时候，我们现在所谓的贵族可能根本连姓氏都不存在。贵族阶层的根源其实就是一个国家的所有首领，因此在最早的时候，贵族阶层就是这个国家的掌权阶层，把控着国家的统治权力。当然，这不是我要讨论的问题，我只需指出，进入中世纪之后，贵族从一种职权变成一种血统，一种出身。

在这一变迁中，贵族保留了作为掌权阶级的全部特征，他们依然是国家权力的掌控者，只是这个团体逐渐被自我封闭起来，血统、出身决定了谁拥有进入这个团体的资格，没有贵族血统的人都被排除在这个团体之外，尽管他们依然可以在国家行政体系中担任或高或低的职位，但永远只是从属的地位。

在每一个封建制度确立的国家，贵族最后都会变成一种血统，只有在英国，贵族阶层又重新变回掌权阶层。

英国是唯一一个将血统制度摧毁的国家。在英国，贵族与平民从事同样的事务，选择同样的职业，而且贵族与平民之间可以相互通婚。即便是大领主的女儿嫁给一位新崛起的世家子弟，也不会有人觉得那是一件不体面的事情。

这才是最有价值的变革。如果你想知道唯血统论的思想是否已经在当地彻底被消灭，你只需要考察一下当地的婚姻状况。只有通过这些特征的考察，你才能得出带有决定性的结论。

可以说，真正让英国如此与众不同的原因不是它的国会、它

《呐喊》爱德华·蒙克（挪威）1863～1944

的自由、它的开放或者它的陪审团，而是它对唯血统论的彻底摒弃。尽管英国人已经对这个事实习以为常，但我始终感到无比诧异，因为正是这一事实使得英国在所有现代国家中显得如此独特。

很遗憾的是，在今天的法国，虽然实行民主政体已经 60 年之久，但你依然找不到这种特征，即使旧贵族和新兴世家在表面上似乎已经融为一体，但他们还是千方百计地避免联姻。

比起其他国家，英国的贵族一向更严谨、更睿智，也更开放。值得一提的是，如果使用欧洲大陆对于"贵族"一词的严格定义，那么其实英国在很久很久以前就已经不存在那种严格意义上的贵族了。

因为年代实在过于久远，那场让英国"失去"贵族的革命已经无从考据，但我们依然能够找到鲜活的证据证明它确实发生过，那就是习惯用语。

几个世纪以来，gentilhomme（贵族）一词在英语中已经完全改变了含义，而 roturier（平民）一词则早已不复存在。

在莫里哀①的剧作《达尔杜弗》中有这样一句台词，现在已经绝不可能逐字译成英文了：

Et, tel quel l'on le voit, il est bon gentilhomme.

（瞧他那副模样，他还是个出色贵族。）

是的，这是一个语言学问题，但它同样可以应用于历史科

---

① 莫里哀

莫里哀（1622～1673），法国 17 世纪古典主义文学最重要的作家，是法国古典主义文学以及欧洲文艺复兴运动的杰出代表，也是法国芭蕾舞喜剧的创建者，在欧洲戏剧史上占有十分重要的地位。

学。我还有一个更加明显的证据，请跟我穿越时空，一起来跟踪 gentleman（绅士）的词义演化过程。

这个词是从法语 gentilhomme（贵族）一词衍化而来，最初特指贵族阶层，但是随着英国不同社会地位的阶层相互接近、融合，这个词的词义逐渐扩大，所指代之人的社会地位也逐渐降低，直到这个词和英国人一起来到美国，它终于用来泛指所有的公民。

可以说，gentleman（绅士）这个词的历史，也正是民主的历史。

而在法国，gentilhomme（贵族）一词始终局限于它的原始含义。大革命之后，这个词就几乎没人再用了，但它的词义从未改变或者扩大，依然特指拥有古老血统的贵族成员。

之所以这个词能够被原封不动地保存下来，根本原因就在于贵族血统论本身仍然被保留着，和以前一样，gentilhomme（贵族）保持着和其他社会等级的分离。

甚至于我敢说，同这个词产生的时候相比，贵族血统与其他等级的分离非但没有减少，反而变本加厉。

这就是为什么说虽然资产阶级和贵族是如此相似，但彼此之间反而更加隔离：因为这是两个根本不可能融合在一起的团体，相似性越高，相互之间的斥力就越大。

但是在中世纪，贵族经常会与自己的"附庸"共同管理自己的领地。

所谓附庸，是指依附于某个封建领主的人，可能是贵族，也有许多是平民。他们不仅必须跟随领主作战，而且每年必须有一段时间待在领主的法庭中，帮领主审判案件，管理居民。

领主法庭是封建政府的重要组成部分，在所有古老法律中都有它的存在，至今，在德国许多地方我们还可以看到极为明显的遗迹。博学的封建法学家艾德姆·德·弗雷曼维尔士在他的著作中告诉我们，在许多封建领主的规定中，附庸每 15 天都必须去领主法庭参与日常工作，等他们全部到齐后，封建领主就会带着他的普通法官和附庸们一起审理在领地上发生的各种案件和纠纷。根据弗雷曼维尔士的记载，他在一个领地上有时能发现 80、150 甚至 200 名附庸，而且他们当中大多数都是平民。

我引用弗雷曼维尔士的著作是想说明，在封建社会初期很长的时间内，贵族阶层是如何与平民接近，如何一起处理公共事务。

如果说领主法庭是贵族阶层与平民一起处理公共事务的形式，那么省三级会议与更晚些的全国三级会议同样可以看作是贵族阶层和城市资产阶级通力合作的产物。

我曾仔细研究了 14 世纪三级会议留下的资料，特别是当时省三级会议的资料，第三等级在这些会议中所占的地位及所发挥的力量令我感到无比惊讶。

的确，14 世纪的单个资产者远远比不上 18 世纪的资产者，但整个资产阶级在当时的政治社会中所能得到的保障和地位远远超过了 18 世纪的资产阶级。

在当时，资产阶级参加政府的权利是无可争辩的，资产阶级在政治议会中起的作用是无可替代的，他们是受到其他阶级尊重与重视的。

让我感到惊讶的不是资产阶级拥有的政治权力，而是 14 世纪的第三等级能够如此轻松地和贵族阶级共同管理政治事务。非但在有非正规的革命性质的三级会议中如此，在同时期按正规惯例办事的省三级会议中也是如此。

奥弗涅省就是由三个等级共同裁定政策，并从三个等级各派出监督员监督执行，同一时期，香槟省也以同样的方式制定政策。14 世纪初的许多城市中，贵族与资产者联合起来反对王权侵害，保卫国民自由和各省特权，这次著名的运动我们大家早已熟知。

总而言之，那个时期的法国历史有很多这样的插曲，就像是从英国历史中抽出来的一样。过了这个时期，就再也见不到这样的景象了。

事实上，随着领地统治的瓦解，三级会议的召开次数越来越少，甚至基本上已经停止。普遍自由权利宣告死亡，地方自由也随之毁灭，资产阶级和贵族阶层在公共生活领域的联系从此被割裂，他们再也没有联手合作的需求和机会，于是渐行渐远，形同路人。等到 18 世纪这场革命完成的时候，这两种人已经没有公共的交集。他们从伙伴变成对手，最后变成了敌人。

法国的特殊之处在于，虽然整个贵族阶层丧失了政治权力，单个贵族却拥有了更多的特权；贵族阶层的统治权越来越少，贵族本人却有越来越多当官的机会。平民在路易十四时期比路易十六时期更容易入仕。

这种情况在法国倒很少见，至少没有在普鲁士那么普遍。贵族一旦取得了这些特权，便世袭相传，无法剥夺，这个时候，贵族阶层就彻底与掌权阶层无关，而只与血统有关。

在这些特权中，最令人不能接受的内容是免税特权。

从 15 世纪到法国革命，贵族所拥有的免税特权一直在扩大，国家开支增长越快，它的扩展就越大，比如查理七世统治时期所征军役税仅 120 万里弗尔，贵族免交军役税的特权很小，而到路易十六统治时期，军役税的数额已经达到 8000 万里弗尔，这个时候，贵族的免税特权就非常大了。

当平民只需要缴纳军役税的时候，贵族的免税特权还不明显，但是，当苛捐杂税成倍增加，其他税种也以军役税的名义被征收，连徭役、自卫队等中世纪闻所未闻的负担都被巧立名目地划入军役税时，贵族的免税特权看上去就非常诱人了。

当然，事情并不总像表面看上去那样。贵族的免税特权看上去似乎很不平等，其实，贵族只是本人免税，却不得不替自己的佃户交税，这笔钱一分都不会少。

不过这并不重要，重要的是看到的不平等比真正的不平等更能激起人们的不满。

由于财政吃紧，路易十四在统治末期确定了两项税种：人头税和二十分之一税。但是，贵族的免税特权毕竟根深蒂固，即便触犯它，也得给它留下三分面子，得小心翼翼，凡是需要让贵族和平民共同交税的时候，都尽量让贵族感到有所区别，小心维护他们的自尊和荣耀。

尽管整个欧洲大陆没有一个国家能够做到税收上的平等，可是很少有哪个国家能把不平等贯彻得像法国那么彻底，让人随时随地都能感受到。

有很多方法能把所有人与人之间的阶级差异彰显出来，而税收不平等是其中危害最大的方法。因为除了不平等之外，它还会制造孤立，并且在不平等和孤立的道路上越走越远。

因为贵族阶层和资产阶级所缴纳的不同等额度的税款，相当于划在两个阶层之间的楚河汉界，无时无刻不在提醒界线双方各自的身份。在这种划分下，每个拥有特权的人都会明显感觉到与自己利害相关的特权，于是更加刻意地让自己与其他阶层的人保持距离，甚至努力拉大距离。

而处理公共事务是不可能不遇到税收问题的，没有一项公共开支不会直接或间接导致税收，所以当这两个阶级不再平等地缴纳税款之后，他们就没法在一起共同处理公共事务，因为在很多问题上他们已经不再感同身受了。几乎用不着费力去分开这两个阶层，因为他们已经没有机会更没有动机去共同合作了。

伯克曾经高度赞扬过法国的旧政体，对于我们的贵族制度，他更是赞叹有加。

在旧法国，资产阶级可以轻易地获取官职从而跻身贵族的行列，伯克对这一点尤为赞赏，他觉得这很类似于英国开放的贵族制度。

其实，伯克只说对了一半。的确，路易十一曾经慷慨地加封爵位，目的是让贵族的身份贬值；路易十一之后的国王则采取了卖官鬻爵的方式出售爵位，根据伯克的描述，在他那个时代，已经设置了 4000 个职位来满足贵族晋升的需求。

欧洲的任何地方都没有出现过这样的场景，而伯克将此与英国的贵族制度类比，只能说是大错特错。

英国的贵族之所以没有和资产阶级产生强烈冲突，反而紧密联结，绝不是因为伯克所说的"开放性"，其主要原因是英国贵族形象具有模糊性，贵族与非贵族的界限不明确；英国贵族真正的开放性不在于人们能够进入贵族阶级，而在于人们自己都不知道他们什么时候进入了贵族阶级。所以，每一个徘徊在贵族圈边缘的人都会觉得自己是贵族的一部分，都能与英国的贵族政府利益一致，当然也会从贵族的权势中分享某些荣誉和利益。

在法国却不一样，尽管法国贵族与其他阶级之间的具体差异很容易弥补，但贵族与其他阶级的城墙始终存在，且牢固而明显。城墙内的人拥有光彩照人的标志，却被城墙外的非贵族所憎恨。

贵族制度没有丝毫要倒塌的痕迹，反而无限加剧了平民对贵族的仇恨。而新晋的贵族更是让原来还处于平等地位中人的嫉妒，仇恨因此加剧，这就是为什么在第三等级的陈情书中，他们对敕封贵族的愤怒一直超过对世袭贵族的愤怒，最奇特的是他们非但没有要求将平民通向贵族的路径扩大，反而要求将其缩小。

1789 年，法国贵族的爵位比历史上任何一个时代都要容易获得，但资产阶级和贵族的隔阂比历史上任何一个时期都要难以逾越，非但贵族无法容忍任何带有资产阶级气味的东西，资产阶级也会远远避开所有看上去像贵族的人。

在某些省份经常可以看到这样的景象：世袭贵族排斥新晋显贵，因为前者认为他们不够高贵；同时世袭贵族也被资产阶级排斥，因为后者认为他们贵族气太重。据说，拉瓦锡①就是这种情况。

前文我们探讨的是贵族阶级和其他阶级的分离，而如果仔细观察资产阶级，我们会发现，资产阶级与人民之间的分离几乎和

---

① 拉瓦锡

拉瓦锡（1743 ~ 1794），法国著名化学家，氧化学说的创立者，第一个现代化学元素列表的发现者，被后人尊为"近代化学之父"。在法国大革命中，他因其包税官的身份，于 1794 年被送上断头台处死。

他们与贵族阶层的一样严重。

在旧法国，资产阶级几乎全部住在城市。这主要是两个原因导致的：

首先是因为令人难以忍受的贵族特权与军役税。

那些贵族对居住在自己领地内的农民十分和气，但对自己的资产者邻居十分蛮横无理。而且随着其政治权力越来越小，他们反而变得越发蛮横无理，这一方面是因为告别了统治者身份后，他们不必再去敷衍那些能帮助他统治的人；另一方面，就像人们经常讽刺的那样，贵族们喜欢使用那些表面上的权力来弥补自己真实权力丧失后的失落感。

当然，让资产者离开农村前往城市的最重要原因是军役税。

本来我可以先简要地说明一下为什么农村的军役税和其附加税比城市重，但这个似乎与主题无关，我们只需要知道：聚集在城市里的资产者有种种办法减轻军役税的压力，甚至免缴军役税，但他们在农村绝对找不到办法。所以说，从农村向城市聚集是资产者逃避军役税的一种重要方式。

比起一个公民所承担的其他义务，他们更加害怕缴纳军役税的义务。可是，在农村除了贵族谁也逃不掉这个负担，因此平民中的有钱人宁可出租自己的产业遁入附近的城市，也不愿承受这笔税收。正如杜尔阁所说："军役税的征收使农村中所有平民资产者几乎都变成了城市有产者。"我所翻阅的相关机密文件证明了杜尔阁的观点。顺便说一下，这也是为什么比起欧洲大部分其他国家，法国拥有更多的城市，尤其是小城市。

富裕的平民在城市定居下来，用不了多久，身上的乡土气息就褪去了，很快，他们对农村生活以及在农村生活的同类人变得彻底陌生，他们的生活只剩下一个目的：在所移居的城市谋一份行政管理的差事，成为一名政府官员。

不要以为今天的法国人，尤其是中产阶级法国人对政府岗位的热衷是来自大革命时期，事实上，这种热爱早在几个世纪前就已经产生，并且经过几个世纪的滋养，不断茁壮成长。

旧制度下的官制与我们现在的官制并不相似，但那时候有更多的政府岗位，特别是级别较低的岗位，简直无穷无尽，仅仅从1693年至1709年的16年中，他们就设置了4万个岗位，连资产最少的资产者都可以给自己谋一个岗位。我曾经统计过一个中等规模的外省城市的官员任职情况，1750年，担任该城法官职务的竟然有109人，而担任执达吏的有126人，所有这些人都来自城市。

资产者对于担任政府职位的热情前所未有地高涨，一旦拥有了一笔小小资本，他们首先会用来购买官职而不是做生意。

比起行业师父和军役税，资产阶级的这种心理对国家的危害更大，尤其是对于法国农业和商业的发展。一旦出现官职供不应求的情况，求官者就会绞尽脑汁发明一个新的官职。一位名叫朗贝尔维尔的先生曾经发表过一篇论文，反复论证为什么国家需要在某个行业中设立一名观察员。虽然这位朗贝尔维尔先生通篇都没有主动提出希望担任这一职务，但这位粗通文墨，生活优越，弄不到一官半职就死不瞑目的朗贝尔维尔先生到底想做什么，每个认识他的人都心知肚明。

正如一位同时代的人所说："每个人都希望能够从国王那里弄到一官半职。"

所以，在对官职的热忱上，今天的法国人与过去并无不同，最大的不同只是在获得官职的方式上：当时的人花钱向政府购买官职，而今天的人则通过将自己交付给政府的方式获得政府授予的官职。

由于居住地点和生活方式的差异，外加常见的利害关系，资产者与农民分离了。人们总是怨贵族在捐税问题上享有这样那样的特权，但很少有人指责资产者的特权。资产者的特权主要来自那些为他们设置的上千种官职：有些人免去自卫队的负担，有些人免去了劳役的负担，还有一些人免去了军役税的负担。当时有篇文章这样写道："除了贵族与教士之外，哪个教区内没有几个靠着职位或委任而享有某种特权的居民呢？"

有时候甚至连国家都承受不起这种特权，不得不削减留给资产者的职位数量，因为靠此免除军役税的人太多了，导致国家收入锐减。事实上，我丝毫不怀疑，资产阶级中拥有免税特权的人绝不会比贵族中的特权者少。

这些特权导致的结果是被剥夺了特权的人心中充满嫉恨，而享有特权的人更加飞扬跋扈。在整个 18 世纪，郊区农民妒忌城市资产者，而城市资产者同样敌视着郊区农民，已经没有什么能够调和他们的矛盾，原因如同杜尔阁所说："每座城市都只顾自己的特殊利益，为此它们不惜牺牲周边的农村和农民。"在另外的场合，杜尔阁还曾对总督说过这样的话："你们在城市里制止一切掠夺和侵犯，但是你们想过吗？城市对于周边农村和农民的所作所为本身就是一种掠夺和侵犯。"

而对于那些与他们共同生活在城市里的人民，资产者也不再热情，甚至与之为敌。因为他们努力把本城公共开支全部转嫁给下层平民承担。正如杜尔阁在他的著作里说的那样："城市资产者已找到一种方法制定入市税，以免承受这个重担。"关于这一点，我已经找到了无数证据。

但是最能导致资产者与其他阶级分离的原因是，资产阶级本身也害怕将自己与人民混同，并且迫不及待地以一切手段摆脱人民。在一封致总监的呈文中，一位城市资产者这样说道："假如国王同意市长职位重新实行选举制，那么候选人最好只能从本城显贵，甚至只能从初级法院中挑选。"

在这之前我们已经讲述了国王们如何不断地从人民手中夺走他们的政治权利，几个世纪以来的一切立法都贯穿着这一思想。而城市资产者经常参与这项立法，还会提出自己的建议。

譬如 1764 年市政改革期间，一位总督就是否必须保留手工业者和其他小民选举行政官员的权利询问一座小城市的市政官员，得到的回答是："人民从来没有滥用过此项权利，因此给他们保留挑选官员的权利无疑对他们是一种安慰，但是，为了维持良好秩序和公共安定，这个权利最好还是交给显贵会议。"之后，总督代理告诉总督说，他已召集 6 名"优秀的城市公民"前来总督官邸举行秘密会议，在会议上这 6 名优秀公民并不赞同市政官员们建议的将选举权交付给显贵会议，不过他们退而求其次，一致同意将选举权委托给构成显贵会议的不同团体的若干代表。比起那些资产者，总督代理更支持人民自由权，在转达资产者意见的同时，他们也曾评论道："对于手工业者来说，缴纳税款却没有权利决定如何使用这笔钱，这确实是一件让人难以忍受的事情，而那些征收税款的人，自己享有免税特权，反倒跟自身利害关系不大。"

以上是从资产者和资产者的相互关系来叙述他们与平民的分离，现在让我们把人民放在一边，单独考察资产阶级本身，就像当初我们把资产阶级放在一边单独考察贵族阶级一样。

通过这种考察我们会发现，资产阶级本身也被分成了许多小群落。尽管他们看上去是一致的，但是依然能够找到大量可分离粒子。我曾经考察过一座小城市的显贵，发现他们竟然拥有 36 个以上不同的团体。这些团体本身规模极小，而且正在不断向更小的方向分化，它们每天都在清洗内部的异己力量，以便把自己浓缩为单一元素，而有些团体已经完成了这样一番清洗，成员缩减到三四人——有趣的是，他们内部的争吵反而更加激烈。

这些团体各自拥有一些小特权，并且因此相互分离，相互之间处于无休止的斗争中。他们的争吵令总督和法官都觉得头昏脑涨。

这种斗争在显贵会议上走向白热化。在箭城，由于面包师团体的地位压过了假发师团体，假发师们立刻宣布罢席以示抗议，他们宁可放弃对公共事务的参与权也不愿意自己的尊严受损。这并不是一个孤立的事件，如果一座城市中的部分显贵顽固拒绝履行公共管理的义务，原因往往是"会议接纳了几个手工业者，而占首席的资产者们不屑于和他们为伍"。

在政府机构中，这种相互分离依然存在。一位总督也曾说过："如果让一位公证人来担任法官助理的职位，其他显贵会感到十分厌恶，因为公证人都是些出身卑微的人。"

回到我上面举的例子，6 位"优秀公民"可以随随便便就决定必须剥夺人民的政治权利，可是当问题涉及哪些人将成为显贵，在他们之间又会确立怎样的地位时，他们窘迫地沉默了，因为各自都隶属于不同的小团体。

就是在这种鸡毛蒜皮的摩擦中，法国人的虚荣心得到了前所未有的升华，却遗忘了公民正当的自豪感。在 16 世纪，尽管各种行会组织早已存在，但其成员在处理好他们各自联合会的事务以外，还会和其他人联起手来，共同照管城市的普遍利益。可是到 18 世纪，他们全部变成了一群闭关自守的自私自利者，几乎不再关心城市的整体利益，只是派委托人象征性地打理一下公共事务。

事不关己，高高挂起，这是每个小团体共同的想法。

个人主义并不是我们与生俱来的本能，而是后来才养成的恶习，在我们祖先的时代，没有一个个人可以脱离团体而存在。如今在法国社会，却滋生了许多小团体，每个小团体都只顾及自己的利益。

这种思想我称之为"集体个人主义"，是从集体主义到真正的个人主义的一种过渡形式。

这就是最令人感到奇怪的地方，人们彼此隔离，却又变得如此相似，只要变换一下他们所处的位置，你就再也认不出他们。

而且，如果深入探究他们的思想你会发现，即使是在最自私的小团体中，他们也知道这种分隔并不符合公共利益，也不符合常理，而且从理论上说，他们已经向往统一。他们之所以仍坚持着自己的特殊地位，只是因为其他人也都有特殊地位。

换句话说，只要任何人都不享受特殊，他们是愿意融合为一个整体的。

■ 政治广角

特权，一个国家的毒瘤

造成各阶层孤立的原因有很多，在本节中托克维尔重点分析了其中一个原因：特权。

贵族阶层和资产阶级都以各自的方式得到了免税的特权，如托克维尔所说，有很多方法能把所有人与人之间的阶级差异彰显出来，而税收不平等是其中危害最大的方法，也就是说，这种特权加剧了各阶层的分离与孤立。

首先是在身份上，不同额度的捐税无时无刻不在提醒人们阶层之间的差距，不管是对这种差距感到得意还是不满，不同的阶层都会自觉不自觉地相互划清界限，"刻意地让自己与其他阶层的人保持距离，甚至努力拉大距离"。

而更重要的是，无论高额捐税给其他阶层人民带来多大的困扰，特权阶层丝毫不在意，这如何指望贵族阶层和资产阶级能与平民阶层站到一起？况且，国家的一切公共事务都离不开税收，有税收特权的阶层根本不可能跟无此特权的人共同处理公共事务。

所以，托克维尔总结说："几乎用不着费力去分开这两个阶层，因为他们已经没有机会、更没有动机去共同合作了。"究其原因，无外乎特权。

· 第十章 ·

自由的消逝与各阶级的分离注定了旧制度的灭亡

本章导读

◎ 因为自由的社会和对自由政治的渴望迫使他们始终相互往来，以便必要时取得一致。

◎ 正是这种只向国民要钱却拒绝给予自由的行为，促使全国各阶级彼此分离。

随着专制制度日益强化，法国人民逐渐丧失了自由。与此同时，国王们对金钱的渴望却达到顶峰，想尽一切办法从国民身上压榨财富。更可怕的是，不同阶层各自所处的地位决定了他们所面对的压榨是不同的，而底层平民无疑受到最严重的压迫。

这一切都促使各个阶层彼此离心离德，各自为战。唯有监督与制衡能让国王收敛贪婪，唯有平等能让大众离开孤岛，唯有自由能让所有人凝聚在一起。

前一章我描述的问题在法国旧制度从被侵蚀直到被摧毁的过

《战争》亨利·卢梭（法国）1844 ～ 1910

程中发挥了最重要的作用，可以说是法国旧制度机体上最致命的病毒。现在我要进一步探讨这种致命病毒的根源，还有这种疾病带来的其他并发症。

我们先来设想一个情景：假如英国人从中世纪开始就像我们一样完全失去政治自由，那么英国的贵族也很有可能会像我们一样相互分离，各阶层之间相互攻讦，然后贵族阶层会和人民分离，孤立地保存着自己的血统。

幸好这些不会发生，因为自由的社会和对自由政治的渴望迫使他们始终相互往来，以便必要时取得一致。

有意思的是，尽管英国贵族的野心是有目共睹的，但在这种野心的驱使下，他们竟然能在必要时和其他阶层保持友好，并假装跟其他阶层和衷共济。

阿瑟·扬讲过这样一件事：有一天，他来到利昂古尔公爵家，表示想和附近最能干、最富裕的几位农民谈谈，了解一些情况。公爵立刻让管家把这几个人找来，然后和全家一起吃饭、聊天。阿瑟·扬评论这件事情时说："三四个庄稼汉可以和领主一同进餐，并被允许坐在上流社会的贵妇人当中。这样的事情在英国并不罕见，但是在法国，这种事情简直不敢想象。"

不要以为这是法国贵族的傲慢使然——事实上，英国贵族天性更加傲慢，更不愿意与所有地位低下者厮混在一起，但是贵族制在英国的尴尬地位逼得他们不得不改弦更张，如果收敛自己的傲慢能够维持统治，他们愿意表现出自己的亲和力。

几个世纪以来，英国各阶层的税负已经实现普遍平等，即便有不平等，也是为了保障贫苦阶层的利益。在英国，享受税收特权的人是穷人，而法国却是富人在享受特权；在英国，贵族承担最沉重的公共负担，以便维护自己的统治地位，而法国的贵族直到灭亡仍保持免税权，作为失去统治权的补偿。

这是一个很可怕的差异，如此迥异的政治原则，会把两个国家各自引向何方？

14世纪的英国和法国似乎都认同一句格言："没有纳税人的同意就不得征税。"对于这句格言，人们最普遍的理解是：违反它就等于实行暴政，恪守它就等于服从法律。在那个时代，法国和英国的政治有很多相似之处，遗憾的是，随着时间的推移，两个民族的命运逐渐走上两条不同的道路，渐行渐远，就像两条直线，从同一个点出发，以微小的角度差异向同一个方向延伸，可是延伸得越长，两条线相隔就越远。

我敢断言，这一命运的拐点就出现在国王约翰① 被俘、查理六世② 疯癫的那段混乱、疲惫不堪的岁月中。从那时起，国王可以不经国民同意确定税务制度，而贵族自己享有免税权，便听任国王向第三等级征税。正是从那一天起，法国旧制度全部的弊病与祸

---

① 国王约翰

国王约翰，即法国瓦卢瓦王朝的第二位国王。英法百年战争期间，他在普瓦捷战役失败后被英国名将爱德华亲王俘获并押回英格兰。他将一个儿子留下做人质而后回国筹集赎金，但他的儿子逃跑了。约翰国王严守骑士的信条，自愿前往英国做人质，不久死去。

② 查理六世

查理六世（1368～1422），法国瓦卢瓦王朝国王。他患有精神病，不得不将朝政交给叔父们打理，结果酿成内乱。英国趁机对法开战，法国惨败，不得不签订辱国条约。

根就已经种下，之后漫长的岁月里它们将不停地消耗旧制度的生命，并最终摧毁旧制度。

这就是为什么我很欣赏科米内的一句优美而又富有远见的话："查理七世终于实现了无须各等级同意便可任意征派军役税的梦想，但他没有想到的是，他已经在王国身上切开一道伤口，鲜血将长期流淌。"

让我们一起来回忆一下，这道创口是如何一天天扩大，一天天溃烂的。

正如福尔勃奈在他的作品《法国财政研究》中所说："中世纪国王的日常生活来源都是靠自己领地的收入，除此之外的特殊需求则由特殊税收来提供，而这些必须由教士、贵族和人民共同负担。"

法国的三级会议制度正体现了这一特点。在 14 世纪，每一项税收的确立都必须经过三个等级的投票表决，而且这时期设立的税收几乎都是间接税，也就是说，所有人都在纳税人的范围内。当然，有时候也会设立一些直接税，那个时候征税的依据不是财产，而是收入。贵族、教士和资产者必须将他们的收入按照一定比例在一年之内向国王上缴。需要说明的是，我所说的税收也包括同一时期由各省三级会议所指定的地区性税收。

当然，哪怕是在那个时候，军役税也从来没向贵族摊派过，因为贵族本来就有无偿服兵役的义务，不过当时的军役税大多只在领主的领地内征收，而不是在整个王国范围内。

为什么军役税会变成一项全国性的税收，并让除贵族外大部分人都痛恨呢？原来，当国王打算凭借自己的权威绕开三级会议直接征税的时候，他正处于王权和贵族激烈对峙的特殊时期，为了不触及贵族们敏锐的神经，他必须选择一项看来不会直接损害贵族的税收，所以，国王选择了贵族们拥有免税权的税——军役税。

而军役税恰恰是在已经存在的个别不平等中，又加上了一项更普遍的不平等，从而加剧并维持所有其他的不平等。

从那时候开始，随着中央政权的强化，国库的需求越来越大，军役税也随之扩大，不久便增加到 10 倍之多，此后所有新设的税收都被冠以军役税的名义。就这样，税收不平等日益加剧，进一步导致各阶级之间彼此分离、孤立，其深刻程度超过了以往任何时代。

于是出现了这样的怪现象：最有能力纳税的人被免税，最无能力纳税的人却必须缴税。当税收以此为宗旨时，就必然导致最可怕的后果——富人免税，穷人缴税。据说，马扎然 ① 曾经设想重立一个税种，征收对象是全法国的豪门贵族，但是他的设想立刻遭到当事人的反抗，无奈之下，他只能继续把税收转移到军役税上。马扎然本想向最富有的公民征税，但最终还是落到最穷困的公民头上，尽管国库并没少收一分钱。

可是从贫苦老百姓身上征收的税很有限，而国王的需求却是无穷的。尽管如此，他们也不愿召开三级会议讨论国家财政问题，更不愿向贵族征税从而给贵族要求召开这类会议的机会。

---

① 马扎然

尤勒·马扎然（1602～1661），法国外交家、政治家，法国著名宰相黎塞留的继任者。他使法国在对外战争中屡战屡胜，奠定了路易十四的基业。

正是在这种尴尬的境地下，国王们练就了一身不可思议的理财本领，取之不尽，却危害无穷。在君主制最后的 3 个世纪中，国王们一直在变本加厉地使用这些手段。

只有仔细研究旧制度的行政和财政史的人才知道，即使是一个温和的政府，如果失去了监督和权力的制衡，并且摆脱了对革命的恐惧，在对金钱的极度渴求之下它会做出多么粗暴而可耻的事情。

我们在历史记载中可以看到许多类似的记录：王室财产被出售后旋即收回，理由是"不可出售"，契约遭到破坏，已经取得的权利被人剥夺，每逢危机国家债权人便被毫不犹豫地牺牲掉——总之，国家不断失信于民。

连贵族们终身赐予的各种特权都随时可能被收回，路易十四曾经一次性取消了 1692 年以来授予的全部贵族头衔，尽管其中大部分还是他亲自授予的，想要保住自己的头衔就必须重新掏钱买。80 年后，路易十五①也如法炮制了这一招，在整个 17 世纪和 18 世纪，那些渴望成为贵族的人被迫一次又一次花钱购买空洞的荣誉或不公正的特权，尽管他们为此已经多次掏钱。如果你能理解他们那因为虚荣心而导致的痛苦，你就会同情这些不幸的受封贵族。

为了向城市、社区和收容所借钱，国王强迫他们违背自己的

---

① **路易十五**

路易十五（1710 ~ 1774），是路易十四的继任者，在 1715 年至 1774 年期间执政。他当政早期受到法国人民的欢迎，但他无力改革法国君主制，以及在欧洲的绥靖政策，失去人民的支持，成为法国最不得人心的国王之一。

诺言。教区也被命令不得兴办有益的工程，怕因此分散资财，不能照额缴纳军役税。

除此之外，自卫队士兵也被规定不得找人替代，据说是怕抬高国家的征兵成本。

据总监奥里先生说，桥梁公路工程局局长特律代纳先生曾设想过一个方案，让各区居民提供一笔资金用于该区的道路维修，以取代公路徭役。但是这个方案后来没有执行，其原因十分发人深省：他们害怕最后无法防止国库挪用这笔钱。于是，人们不得不选择更多的税收和修公路的徭役。

我敢说，如果一个普通公民敢用路易十四支配国家财产的方式来支配自己的个人财产，那么他就逃脱不了牢狱之灾。

有一种方法可以帮助你深入透视我们的国家机构：假如你发现某个与时代精神背道而驰，只能依靠加剧其弊端而维持下来的中世纪旧机构，或者你遇到某种有害的新机构，再深入挖掘下去，你会发现这些机构的存在只是为了应付某一项突发奇想的财政措施，它们当初可能只是权宜之计，到后来却转变为制度。而这些权力机构，正是为解决这些问题而存在的。

很久很久以前，当平民拥有贵族财产的时候，他们必须缴纳一种特殊的税收：封地获取税。封地获取税加剧了平民和贵族之间的矛盾，而这一矛盾又进一步助长了这种税负。众所周知，拥有地产是使人与人同化最快、最好的方法，但是封地获取税在为这种融合制造障碍，一道鸿沟就这样在贵族所有者和他的平民邻居之间被人为地划分出来。与之相反，英国早在 17 世纪就废除了世袭领地与平民占有土地之间的差异，使得这两个阶级空前凝聚。

14世纪时，封地获取税税负还很轻，并且要很久才征收一次。但到18世纪，由于贵族消亡速度的增长，这项税收变成每20年就催征一次，且数额高达平民的全年收入。即使土地获得者逝世了，他的继承人也必须接着缴纳。1761年，图尔农业协会一位成员就曾说过："这项制度严重危害农业技术的进步。毋庸置疑，在国王向臣民征收的所有捐税中，没有哪一项在农村像封地获取税那样使人恼怒且难以承受。"

另一位同时代的人也说："这笔钱最初一辈子才征收一次，到后来却渐渐变成一种令人难以忍受的苛捐。"

事实上，封地获取税妨碍了平民购买贵族土地，所以连贵族自己也想将其废除，但是国库的需求使它保留下来，并且有增无减。

有人把工业行会所带来的问题都归咎于中世纪，但事实上，行业师父和行会管事会最初只是联系同行业成员的手段，并且在行业内部建立一个小小的自由管理机构，其任务只不过是救助并且抑制工人而已。圣路易①似乎对此没有别的要求。

直到16世纪初，文艺复兴进入全盛时期，人们才破天荒地把劳动权当作国王能够出卖的一种特权。只有到这个时候，每个等级团体才变成封闭性的小贵族团体，而对技术进步极其有害的垄

---

① 圣路易

圣路易（1214～1270），即路易九世，是法国卡佩王朝的第9任国王。他堪称中世纪法国乃至全欧洲君主的楷模，人们赞其为"完美怪物"。他有效的统治为法国营造了一段稳定繁荣时期，加强了法国王室的权威和地位。

断权也是在那时建立起来的。虽然亨利三世 ① 并不是这一弊端的肇始者，但他使这一切通行无阻，一直到路易十六时代才得以彻底根除。从亨利三世到路易十六，行会管事会制度的流弊一直持续增长，而此时此刻，社会的进步也使得人们对这些流弊更加忍无可忍，公众舆论每天都在抨击和揭露这些弊端。

即便如此，每年依然有一些新行业失去自由，而旧行业的特权又有增长。而渴望金钱的国王正是这些流弊背后的推波助澜者，其中以路易十四最为典型，那个时代对金钱的需求空前加大，因此无视国民舆论的决心也空前坚定。

1775 年，勒特罗纳说了一句非常深刻的话："国家创造工业集团的唯一目的只是为了给国库赚钱，它们靠出卖特许证，靠设置各种新官职赚钱，并且强迫各集团购买新官职。从 1673 年的一份敕令我们可以看到，亨利三世曾勒令所有集团掏钱购买批准证书，强迫所有尚未纳入集团的手工业者加入。是的，这件事情无比龌龊，却为国库带来了 30 万里弗尔的收入。"

综上所述，我们已经可以发现整个城市体系是怎样被搞乱的——不是为了政治，而是为了敛财。

正是出于这种极度渴望金钱，又不愿向三级会议索取的心理，卖官鬻爵制度应运而生。

这是一种前所未见的现象，正是在这种制度的影响下，第三

---

① **亨利三世**

亨利三世（1551 ~ 1589），法国瓦卢瓦王朝国王。法国宗教战争在他统治时期走向白热化，他在继位前曾在 1572 年的圣巴托洛缪大屠杀中扮演过主要角色。他最后在雅各宾修道院被一名修士刺杀。

等级的虚荣心迅速膨胀，并且在长达3个世纪中经久不衰，他们最大的欲望就是能够买到一官半职，并把对官职的渴望深深根植在国民的内心深处。这种欲望催生了革命，也催生了奴役。

随着财政越来越拮据，国王不得不设置更多职位来增加收入。为了让这些职位更加容易出售，免税或特权成了不错的促销手段，由于这种官职的设立纯粹是出于赚钱而不是行政需要，所以数量多得简直让人难以置信，这些官职要么完全无用，要么干脆有害。科尔贝尔[①]在1664年对此展开了一次调查，他发现在买官这件事情上人们至少花费了5亿里弗尔。据说黎塞留废除了10万个官职，不过这些官职改头换面后马上又重新出现在市场上。

法国的国家机器变成一台硕大无比、错综复杂、千头万绪的机械怪胎，根本无法运转，也丝毫不起作用。最后政府不得不在这台机器之外重新设立一个更简练、更高效的工具，借此做一些所有官员都假装在做但其实没有做的事情。

至于这台笨重的机器，则放任它自己空转。

如果允许民众对此发表意见，那么这些臃肿的机构没有哪一个能撑过20年。如果最初召开三级会议来讨论这些机构，那么它们根本就不会有机会被建立或者增加。事实上，几个世纪以来在那几次极少数被召开的三级会议上，反对这些机构的声音从来没有停止过。这些会议曾多次指出，国家所有流弊的根源就在于国

---

① 科尔贝尔

科尔贝尔（1619～1683），路易十四时期法国最著名的人物之一，长期担任财政大臣和海军国务大臣的要职。他遵循重商主义的经济理论，鼓励发展工商业，重商主义因他而被称为"科尔贝尔主义"。

王窃取权力不择手段地聚敛财富。这么说还是客气，如果用 15 世纪的话语体系，国王这种行为属于窃取了"未经三个等级商议和同意而以人民的血汗自肥的权力"。

是的，三级会议关注的不仅是自身的权利，还强烈要求人们尊重各省与城市的权利，在每次会议上，我们都可以听到发自内心的平等呼声。

几个世纪以来，三级会议从来没有放弃过要求废弃行会管事会制度的努力，也从来没有放弃过对卖官鬻爵制的猛烈抨击。他们认为："谁出售官爵，谁就出卖正义，没有比这更可耻的行为了。"

当捐官制确立之后，三级会议继续申斥滥设官职的行为。他们强烈反对无用的职位、危险的特权，但这都毫无意义，因为这些冗杂的官职本来就是为被反对而设立的，它们的目的就是在法国人的眼皮底下，将高额的税负伪装起来。

请注意，这套系统并不是昏君暴君的专利，最出色的国王也一样使用这套伎俩。众所周知，最后确立捐官制的是路易十二[①]，把官职世袭权纳入出售范围的是亨利四世[②]——这些人的美德并没

---

① **路易十二**

路易十二（1462 ~ 1515），法国瓦卢瓦王朝国王。路易十二做出改革司法系统和减轻税负的努力，因此获得"人民之父"的称誉。但他统治时期对外战争频繁，给法国造成了很大灾难。

② **亨利四世**

亨利四世（1553 ~ 1610），也称亨利大帝，1589 年加冕，成为法国波旁王朝的创建者。他的名言是"要使每个法国农民的锅里都有一只鸡"，统治时期的确在经济恢复上做出了显著的成绩。

有影响这套制度大行其道。

为了逃避三级会议的监督，大部分行政职能都被转到最高法院，这样导致的结果是司法权极度混乱，给社会秩序带来了极大的危害。

同时，为了避免法国人民忍无可忍，国王必须假装提供若干新的保障来代替被剥夺的保障。法国人的心理很有趣，只要政府不至于太暴虐，他们能够耐心忍受一般的专制，但是他们不愿意直接面对这种专制。因此，在人民和专制之间设置一道帷幕，这样虽不能消解专制，但至少能让法国人看不到。

最后我要说明的是，正是这种只向国民要钱却拒绝给予自由的行为，促使全国各阶级彼此分离，使他们在共同的反抗中既不能彼此接近，也不能取得一致，这样一来，政府在每个时期都只需要对付一群力量单薄的敌人。在这段漫长的历史中，法国不断涌现出各种杰出的君主，他们谋略过人、思想深邃、才华出众，但是没有一个君王愿意花力气去促进各阶级接近与联合，他们更愿意让各阶层平行地依附于自己。

哦，不，我说错了，只有一位国王曾经这样想，并且他也是这样做的。讽刺的是，这位国王恰恰是路易十六。

旧制度一手造就了阶级间的分裂，这是它的罪恶，也成为它专制统治的托词。它告诉人们，如果一个国家的精英阶层之间不能和睦相处、和衷共济，这个国家就不可能实现有效的自我管理，这个时候，就必须有一位强有力的人来主宰一切。

在杜尔阁给国王写的一份秘密报告中，有这样一段感伤的话："松散的等级构成了我们的国民，自私自利、缺少关联的人民构成了我们的社会，这是一个没有丝毫共同利益可言的国家。各个村庄、各个城市之间毫无关联，正如它们所属的各政区之间，即使是在关系到它们切身利益的公共工程上，它们也无法步调一致地合作。在这场各种奢望与企图的无休止斗争中，陛下或者陛下的委托人不得不亲自裁决一切。人们等待您的敕令，以便为公共利益做贡献。这既是为了保障他人的权利，有时也是为了行使自己的权力。"

在这几个世纪中，我的法国同胞或者形同陌路，或者互为仇雠，使他们重归于好要比使他们分裂仇恨困难得多，已经很难再将他们重新联结在一起共同处理公共事务。

这不是我的臆测，而是事实的证明。60年前，大革命摧毁了隔离在法国人之间的围墙，在经历长期隔绝之后，不同的阶级终于重新接触到彼此。但他们首先触碰到的是彼此的伤痛处，他们的重逢只不过是为了厮杀，甚至到今天。尽管当初那些人早已不在人世，但他们的仇恨和嫉妒依然时时浮现。

■ 政治广角

精神自由与政治自由同等重要

托克维尔认为，法国之所以会发生一场暴烈的大革命，而没有实现英国那种改良式改革，原因就在于法国只有精神自由，而没有政治自由。

何谓自由？即个人财产、言论、精神独立不受侵犯。托克维尔认为，在当时的法国社会具有独立精神的人主要有两类：一是贵族，二是教士。他们因为财产上的独立而拥有精神上的独立。他们有着自己的思想，不畏权贵，追求自由、平等、公正等人类普遍道德。

精神上的自由和政治上的非自由，激化了法国旧制度下的诸多矛盾。当时法国的政体在欧洲国家中是相当先进的，也正因为先进，人们反而无法忍受残余的封建专制，而这专制，因为看到末日将近，不断变本加厉。政体日趋专制，思想日趋自由，大革命不可避免。

·第十一章·

旧制度下畸形发展的自由及其对革命的影响

本章导读

◎ 自由还没有死亡，而是以一种奇特的模式在夹缝中生存。

◎ 18 世纪的法国人，比现在的人要好些，也要坏些。

◎ 那是一种非常规的、断断续续的自由，而且始终与特权连在一起。

即使在专制发展到巅峰的法国，自由的暗流依然以一种奇特的方式涌动，无论是贵族阶层、教士阶层、资产阶级还是司法机关，都以自己的方式保留着自由的绿洲。事实上，只要愿意，每个阶层都有能力为自己争取到少许的自由——当然，平民阶层例外。

也正是这些有限的、畸形的自由，孕育出法国大革命的惊涛骇浪。因为热血、激情、创造力和自豪感只能在自由的浇灌下生根发芽，专制的土壤上开不出美丽的花朵。

如果你只读到这里便就此掩卷，那么你就只能对旧政府留下一个很不完整的印象，你就理解不了那个孕育了大革命的时代。

那个时代，公民们把自己封闭在各自的小圈子里各自为政，王权以惊人的速度剧烈扩张。置身于这样的时代中，你可能会觉得自由、独立这些精神已经消失，以为所有法国人都变成了百依百顺的顺民。可事实并非如此，虽然政府已经习惯专断独断的运作模式，但它依然不可能控制所有人。

是的，在这个专制的牢笼中，自由还没有死亡，而以一种奇特的模式在夹缝中生存。那么，它会以怎样的方式来影响我们的国家呢？

尽管中央集权政府已经取代所有的地方势力，成为整个行政体系的核心，但是老的行政体系所遗留下来的各种古老习俗、旧风尚，乃至种种弊端，都是它进一步扩张的绊脚石，并且把反抗精神、自由精神根植在人们的灵魂深处。

即便当时的中央集权制已经发展到和今天一样成熟，它拥有和现在的集权政府一样的性质，一样的程序和一样的目的，但它依然缺少一样关键的东西——说一不二的权力。

为了敛财，政府可以大量出售官职，但与此同时，它自己也失去了任意封官免职的权力，对财富的欲望妨碍着它的另一个欲望——权力。为了满足对财富的欲望，它不得不克制自己对权力的需求。为了满足贪欲，它不得不使用那些并不属于自己、自己又没能力捣毁的工具。而为此付出的代价，就是绝对权力。

这是一个很有意思的现象，粗制滥造的官职一边侵蚀着我们的国家，一边阻滞中央政府过度集权的脚步。这就好比一道劣质的堤坝，无用且有害，但至少能够分化洪水的力量，缓和它的冲击。

况且，当时的政府还不能像今天这样拥有无穷无尽的恩典、荣誉和金钱，它能够掌握的诱惑性手段与强制性手段远远比不上今天。

最后，政府对自己的权力边界也没有一个准确的界定。它的权力并没有得到正式确认，也没有被牢固确立，只是走到哪儿算到哪儿。尽管它的权力触角已经伸得足够远，但前进的路并不稳当，仿佛置身于一片无边无际的黑暗中。这片黑暗既能保护国王用权力剥夺臣民的自由，也同样保护了臣民用自由反抗国王的权力。在这样的境地下，政府常常感到缩手缩脚，既想放手一搏，又害怕遇到障碍。

因此，在18世纪大臣和总督们的来往信函中，我们常常会看到这样一种奇怪的现象：一方面是臣民对政府过分的掠夺和专制表现得百依百顺；一方面却是，只要政府遇到一丝反抗，它便会不知所措，就连最细微的批评也会使它惶恐不安，立刻停顿下来，在犹豫中试探、折中，不敢再越雷池一步。不管是优柔寡断的路易十五，还是他仁慈的继任者，无不表现出这样的特性。

而中央集权的另一些障碍是特权、偏见和错误思想，尽管它们是自由的宿敌，但使大量臣民在心中保持了独立的精神，坚决反对当局滥施权力。

表现最明显的就是那些骄傲的贵族。他们仇恨法规，更仇恨被奴役，所以他们极端蔑视严格意义的行政当局，尽管他们会不时有求于它。

他们丝毫不关心其他公民的自由，无论政府如何打压、控制人民他们都无所谓，但如果这种控制落在他们自己头上，他们愿意冒一切危险起来反抗它。这就解释了为什么在大革命开始之际，这个即将与王权一起倾覆的贵族阶级，在面对国王和国王的代理人时却表现出比第三等级更加激烈的言语和激进的态度。

这些贵族强烈要求立法保障对权力的控制。如果有人读那些贵族的陈情书，他会发现，尽管这些贵族身上有着各种各样的偏见和怪癖，但他们的精神和品质毫无疑问是崇高的。

遗憾的是，在大革命中，人们没有尝试用法律约束贵族，而是将他们直接打倒在地，彻底铲除。他们铲除的不仅仅是贵族，而是国民机体的一个必要组成部分，给自由留下一道永不愈合的创口。无论如何，贵族阶层一直是走在最前列的阶级，他们拥有无可争议的伟大品德，他们骄傲、自信，习惯于自身的与众不同，他们是整个社会最有抵抗力的"器官"。他们不仅自身恢宏大气，而且还用自己的大气影响其他阶层。

没有哪个阶层可以完全取代它，一旦消亡就不会复生。我们可以给一个人头衔和财富，但无法给予他先辈的精神和心灵。

反观教士阶层，自那个时期以来，他们在世俗事务中常常俯首帖耳，对于任何尘世君王都极尽屈从奉承之能事。然而在最早的时候，他们曾是国民中最有独立性的阶层，拥有人们不得不尊重的特殊自由。

那时，外省早已没有自主权，城市的自治只保留了暗淡的影子。贵族们甚至不能擅自发起一个 10 人以上参与的聚会，只有教会还一直保留着定期会议。但是教权本身就受到种种限制，低级教士的权益拥有绝对的保障，既不用担心上级的暴虐，也用不着担心有人强迫他们屈从君主。我无意妄自评论教会的古老体制，我想说明的是，在教会的保护下，教士们的心灵丝毫没有被中央集权的政治污染。

此外，许多教士身上的贵族血统，决定了贵族阶层那种自豪、不顺从的精神也被一起带入教会。

最后，这些教士身处国家的最上层，拥有最多的特权。尽管这些封建特权影响了教会的道义形象，但它们使每个教士拥有在世俗政权面前保持独立精神的资本。

土地所有权是真正让教士们拥有公民的思想、需求、感情甚至热忱的特殊条件。我曾细心通读了旧的省三级会议——特别是朗格多克省三级会议遗留下来的大部分报告和辩论，我还细读了1779年与1787年召集的省议会的大部分会议记录。我惊讶地发现，那些圣洁的主教和修道院院长竟然能像行家一样讨论道路、运河的修建，从科学与技术等方面探讨如何提升农业产量、保障居民福利与增进工业繁荣。在这些事务上，他们简直和教外的俗人不相上下，有些甚至还要更加高明一些。

因此，我并不认同剥夺天主教教士的土地占有权并以发放薪水来解决其收入问题的观点，尽管这一观点普遍流行并且根深蒂固。在我看来，这样做只对罗马教廷和尘世的君主们有帮助，而人民自己却失掉了通往自由道路上的一个重要盟友。

试想一下，一个人，不能有家室，而且只能服从一种外在的权威，唯一可以把他维系在土地上的就只有对土地的所有权。如果砍掉了这一层联系，他就等于失去了归属感，只能像一个陌路人一样生活在这块他偶然降生的地方，没有任何利益能够直接触动他。在心灵上，他只能依赖教皇；在生活上，他只能仰赖君主。教会成了他唯一的祖国，因此，他只关心什么对教会有害，什么对教会有利，除此之外的任何公共政治事件他都漠不关心。

这样的人，可以称得上是杰出的基督教徒，但同样也是一个平庸的公民。在任何社会中，教士团体都肩负着儿童导师和道德领路人的职责，如果他们拥有这样的情感和思想，我们不得不担心，整个民族都会下意识中对公共政治事务漠不关心。

我们只有重读1789年教士等级的陈情书，才能真正理解由人们地位变化所引起的精神革命。

在教士陈情书中，最常见的一种情感是不宽容。他们依恋曾经有用的特权，有时简直到顽固的地步，尽管如此，同第三等级或贵族一样，他们也仇视专制制度，热爱政治自由，并支持公民自由。

他们宣布个人自由应受法律的保障，而不是仅仅依靠承诺；他们要求摧毁国家监狱，废除特别法庭和调案，一切法庭辩论公开，所有法官不得罢免；所有公民均可录用任职，并且把才干作为任职的唯一标准；在征兵的过程中，不能带有侮辱与压迫人民的性质，并且任何人不得免除兵役。同时，他们要求赎买领主权力，因为领主权力源于封建制度，是和自由截然对立的；他们要求劳动自由不受任何限制，废除内地关税；他们还要求每个教区至少设立一座私人学校并且实行免费教育，所有乡间都要开设诸如济贫院和慈善工场之类，并且尽一切方法鼓励农业。

而在国家政治层面，他们强烈要求国民拥有召开议会、制定法律，并且自由表决捐税的不可剥夺、不可转让的权利。他们认为，在未经本人或其代表投票表决的情况下决不允许强迫任何法国人缴纳捐税。教士们还要求自由选举的三级会议必须年年召开，在国民面前讨论一切重大事务；三级会议必须制定具有普适性的法律，任何特殊惯例或特权不得与之冲突；三级会议编制全国预算，甚至包括王室的开支，三级会议代表神圣不容侵犯，大臣必须始终对三级会议负责；最后，他们还要求各省都设立三级会议，各个城市都设立市政府。

而关于神权方面的问题，他们在陈情书中却只字未提。

尽管教士阶层中不乏臭名昭著的成员，但客观而言，在大革命突然袭来的时候，他们的表现比任何国家的教士更加卓越开明，拥有更少的自私和更多的公义。与此同时，他们的信仰也更坚定——对教士的迫害很好地证明了这一点。

在我研究的初期，我对教士充满偏见，但随着研究的深入，我对他们的敬意与日俱增。教士身上的确有缺点，他们好侵占、少宽容，无原则地维护自己的特殊权利。但客观地说，那是所有行业组织所固有的缺点，任何一个群体紧密联结成团体组织的时候都免不了会出现这样的特点。

在旧制度下的资产阶级同样比今天的资产阶级更富有独立精神，甚至连这个阶级本身的缺陷也都有助于这种独立精神的发扬。

在前面的章节中我们就已经提到，资产阶级在当时占据的公职比今天更多，而中产阶级也同样热衷于获得这些公职。但那时候的公职和现在的是不同的，因为那些职位都是花钱买的，既不是政府授予，也不会随便被夺走，也就是说，同样在政府中占据了大量的公职，但今天的资产阶级只能俯首帖耳，而那时候的人却拥有更多的自主权利。

还有值得一提的是，尽管资产阶级无法与贵族阶层相融，但他们所获得的各种特权，以及他们与平民阶层的长期分割，已经把资产阶级塑造成一群假贵族。而即使是假贵族，他们身上往往也拥有真贵族的那种高傲与反抗精神。

尽管当时的资产阶级已经被各自的利益分割为许多小群落，从不关心整体，只在意自己的利益，但是在这种小群落内部，人们有着共同的特权和尊严，没有人愿意抛弃自己的小群落苟且偷生。

每一个小群落都是一个舞台，这个舞台非常小，但是台上依然打着聚光灯，台下依然有观众，没有一个演员会在这里懈怠。

除了贵族、教士和资产阶级，旧制度的法国还有另一条涌动着自由的暗流，那就是司法机构。

尽管那个时代的法国到处响着专制的隆隆雷声，但人们依然会为自由而高声呐喊，而司法机构恰恰是他们呐喊的唯一途径。

不可否认，旧制度法国的司法机关积重难返：司法程序复杂，内部阻力重重，手续缓慢，费用昂贵。但是，司法机关独立于行政系统之外的地位决定了它绝不会屈从于中央政府，而且法官实行终身制，不求升迁，也不会被罢免，因此不会被王权左右——正是这两点决定了司法机关的独立地位和精神。

的确，当时普通法庭的诉讼审理权已经被王权剥夺，但是法庭依然让王权保持着敬畏之心。王权虽然能阻止法庭审理，但永远无权阻止法庭听取控诉、陈述意见。而且古代法语非常重视为事物寻找精确的概念，恰好当时的司法语言和这一古法语习惯是一脉相承的，所以法官们经常会毫不留情地把政府的举动定义为专制与武断行为。

当时的法院一直在以非正规的方式干预政府，这经常使行政事务无法正常展开，很多时候这反倒成了个人自由的保障，尽管当时的法国已经成为一个专制国家，但它的司法制度保障着法国人民仍然是自由的人民——这恐怕就是"以毒攻毒"吧。

我们无法否认法国司法机构的腐朽，相比公共事务，它更关心自己的利益；但是同样我们也无法否认，在捍卫自己的独立与荣誉时，它始终表现得顽强不屈，这种精神感染着每一个接近它的人。

有无数事例可以证明这一点。

1770 年，巴黎高等法院被撤销，高等法院的法官们也随之丧失了自己的地位和权力，但是，没有一个人在国王的意志面前屈服退让。不仅如此，连其他类型的各法院——比如审理间接税案件的法院——也挺身而出，愿意共同承担国王最严厉的惩罚。那些在最高法院出庭辩护的首席律师们也甘愿与最高法院同舟共济，他们宁可放弃自己的财富与地位，也决不同意在被羞辱的法官面前出庭。我不知道沐浴在自由中的人民是否有过如此伟大的举动，我只知道在 18 世纪的法国，路易十五的宫廷附近，有这样一群独立、反叛的人。

很多时候，司法习惯往往决定着民族的习惯。法国的司法程序传递给民众这样的思想：一切事务都是可以辩论的，一切决定都是可以复议的，流程必须是公开的，程序必须是严谨的——这些与奴隶性格格格不入的思想，可以看作是旧制度留给我们唯一的自由精神教育。

甚至连政府自己也不自觉地接受着司法体系的影响，譬如国王在发敕令的时候必须说明理由，在下结论的时候必须阐明原因，在御前会议下判决的时候必须作详尽的开篇陈词，总督也会派遣执达员传达他的法令。而在所有法国行政机构的内部，人们都会对各类事务进行公开讨论，经辩论之后才做决定。

司法机构传递给我们的所有这些习惯、形式，都是中央集权进一步扩张的障碍。

在当时的法国，对压迫始终毫无反抗之力的阶层只有平民，尤其是农村平民。除了暴力之外，他们没有其他的手段。那些贵族、资产阶级、教士或者司法人员所拥有的抵御手段都有一个先决条件：足够高的社会地位和话语权。而绝大多数平民无法具备这一条件。

可以这么说，除了平民之外，法国的任何阶层都可以通过巧妙的手段在屈从中抗争。

在国民面前，国王始终以领袖而不是以主子的口吻说话。在路易十五的一道敕令中有这样一句话："我们统率着一个自由慷慨的民族，我们满心荣耀。"在他之前，他的祖上就曾用一种更古老的语言发表过类似的观点："我们宁愿向自由人而不是向农奴讲话。"这是他在感谢敢于进谏的三级会议时所说的话。

18世纪，没有人刻意去培养对安逸的需求。这种需求是奴性的温床，它萎靡不振，却又冥顽不化；它很容易和诸如亲情、信仰、崇尚风化甚至按时参加宗教仪式等私德交织在一起；它使人诚实，但也使人抛弃英雄主义的浪漫；它能让人安分守己，也会让人胆小懦弱。

18 世纪的法国人，比现在的人要好些，也要坏些。

那时的人们崇尚欢愉，喜欢享乐，他们比今天的人更加放浪不羁，感情更加浪漫，思想更加跳跃，他们对我们当下习以为常的有礼貌、有节制的肉欲主义一无所知。那个时代的上层阶级关心的是如何让自己的生活更精致而不是更舒适，关心如何出名而不是如何发财；连中产阶级也不是一心追求安逸，事实上他们常常会抛弃安逸，而选择层次更高的享乐方式。除了金钱之外，他们一样重视其他财富，当时有个人曾写下这样一句话："我太了解我的民族了，他们是一群擅长铸造并浪费金银的人，但他们不会去崇拜金银，他们更关注他们的古代偶像身上所特有的东西——荣誉、价值和慷慨的风骨。"

我还想说的是，不要通过一个人对最高权力的服从程度去判断他的为人，这是一个错误的标准。在旧制度下，无论人们怎样屈服于国王意志，他们都绝不会服从一个不合法的、有争议的、不为人尊重的政权，哪怕这个政权非常有用或者十分强权。对他们来说，这是一种可耻的奴役。

无论国王怎样专制，法国人心中对国王始终有着特别的情感，一种世界上其他专制君王所没有的情感：在法国人心中，国王像父亲一样满怀温情，又像上帝一样值得崇敬。他们不是出于恐惧才服从国王的强横命令，而是出于爱。因此他们往往在极端的依赖性中，保持着非常自由的精神。他们并不厌恶服从，只是厌恶强制，他们真正厌恶的是迫使人服从的奴役感——在这一点上，我们似乎远远不如他们。

不要瞧不起我们的祖辈，我们没有这个权利；不要只盯着他们的偏见与缺点，我们同样应该发现他们伟大的一面。

综上所述，不要片面地认为旧制度下的法国就是一个充满奴役的时代，事实上，那时的人们比我们今天更加自由。不过，那是一种非常规的、断断续续的自由，而且始终与特权连在一起。它从不为公民提供最天然、最必需的保障，却又准许人们反抗它，尽管它很奇特，也很局限，但它依然富有生命力。

这是一种畸形的、微弱的自由，在中央集权制下，所有人都变得相似，所有个性都变得柔弱。正是这种畸形的、微弱的自由，让许多人保留了内心的特质，保留了荣誉感。而这些种子为我们培养了一大批高傲的战士、热血的天才，最终成就了伟大的法国大革命。

你能想象如此雄健的品德会在没有自由浇灌的土地上发芽生根吗？

但是还有一个问题，如果说这种非正规的畸形自由成就了法国大革命的萌芽，那么，这种自由也将会成为法国人建立自由法治国家的绊脚石。

■ 政治广角

高贵只会在自由中盛开

"人们似乎热爱自由，其实只是痛恨主子。"这是托克维尔对自由最经典的论述。大革命后法国人心目中的确有着这样的想法：平等的政治、公平的社会……这些比虚无缥缈的自由更加重要。然而，托克维尔反复告诫我们，自由是极其宝贵的。

托克维尔举了贵族阶层、资产阶级、教士阶层和司法机构的例子说明，即使是在专制君主的统治之下，自由精神依然以一种畸形的方式断断续续地保存着。也正是这些在夹缝中生存的自由，浇灌出最后激情澎湃的大革命之花。

失去自由，一切平等和公平都是无根之木，一切高贵的品质都会沦丧，最后整个民族会便会沉沦。

·第十二章·

社会进步了，18 世纪的法国农民却过得比 13 世纪还糟

本章导读

◎ 18 世纪的法国农民同时身处于一个孤独的环境中——比世界上任何地区的任何人群更加孤独。

◎ 地位越是卑下，越觉得苛政难以忍受，却面临越苛刻的盘剥。

18 世纪，法国社会在不断进步，农民却陷入孤独的绝境，因为他们被所有的阶层抛弃，没有人愿意聆听他们的声音，更没有人替他们说话，除了接受无休止的索取，他们的存在毫无价值。最后，当这些沉默的孤独者爆发的时候，整个法国为之天翻地覆。

平民阶层是社会的基石，这是一股能够摧毁一切的力量，只要还有人在为他们寻找出路，这股力量就会永远潜伏；但如果被逼入绝境，平民的愤怒就会像火山爆发，不可遏制。

应该说，18 世纪的法国农民身处于一个不错的环境中：他们享受着公民自由，拥有自己的土地，不再有封建地主欺凌他们，也很少被政府的强暴行为波及。

但是，18 世纪的法国农民同时身处于一个孤独的环境中——比世界上任何地区的任何人群更加孤独。其他所有阶级的人都离他们而去，所有人都忽视他们的存在，他们成了一群被遗忘者。

这是一种很新奇、很值得探讨的压迫方式。

根据佩雷费克斯[①]的说法，早在 17 世纪初的时候，亨利四世就开始抱怨贵族抛弃了农村。到 18 世纪，大量的贵族已经逃离了农村，那个时代的所有文献都可以证明这一点，一个最直接的证据是，当时所有大贵族和部分中等贵族的人头税都是在巴黎征收的（人头税的征收依据是居民的实际住所）。

那些不得不留在农村的贵族，几乎都是因为经济拮据而无力逃离，他们不得不以一种奇怪的方式和农民朝夕相处。一方面，他们不再是农民的领主，所以也就没必要像以前一样照顾、帮助和领导农民；另一方面，由于他们不像农民一样需要承担公共税收，所以他们不会同情农民的悲惨生活，也不会分担农民的苦难。这不是他们不愿意，而是他们根本就没有类似的经历。

他们既不是这些农民的领袖，也没有成为他们的同胞，这种史无前例的情况让他们陷入史无前例的尴尬中。

这种情况造成了一种不在地主制心态：尽管这些贵族实际上

---

① 佩雷费克斯

佩雷费克斯（1605～1670），路易十四的家庭教师，教育路易十四崇尚亨利四世，曾写出《亨利四世传》。后成为巴黎大主教。

仍然居住在自己的土地上，但他们在感情上已经离开这片土地，往往表现得像一个地主管家而非地主本人。

他们会觉得佃农不过是自己的债务人，对这些人敲骨吸髓，尽管他们对佃农所拥有的权利已经不如封建时代，但是他们的勒索比封建时代还要苛刻。

他们早已穷困潦倒——否则也不会继续待在农村，他们对农民极尽盘剥，对自己极端吝啬，绞尽脑汁地聚敛钱财，只为了在进城的时候能够尽情挥霍一番。他们因此得到一个绰号：燕隼（Faucon hobereau），这是一种猛禽的名字，不过是所有猛禽中个子最小的一种。

当然，有些人会拿个例来反驳我，请注意，我谈论的不是某个贵族，而是整个阶级，只有阶级才能在历史上占据一席之地。毫无疑问，有很多体恤民情的高尚贵族，但不可否认的是，他们绝非是其所处阶级中的主流，而且他们的这种做法是和他们所在位置的行为准则格格不入的，不管他们承认与否，贵族阶层的普遍规律是对农民漠不关心，并且被曾经的附庸心腹诽谤。

总有人把贵族抛弃农村迁往城市的原因归咎于某些大臣、国王的特殊影响：有些人归咎于黎塞留，有些人则归咎于路易十四。

的确，在大革命前的最后 3 个世纪中，历代君主都致力于把贵族与人民分离开，并将其引到宫廷中，特别是在王权还畏惧贵族的 17 世纪。当时的国王曾经问总督："你省里的贵族愿意留在老家还是愿意离开？"对此总督的回答是抱怨省内贵族不愿去辅佐国王，反而甘愿和农民待在一起。

然而，我们绝不能把贵族阶级抛弃农民的现象完全归咎于某几个国王或大臣的直接影响。当一个问题上升为普遍现象的时候，它首要而持久的原因绝不可能只是某些人的个人意志，而必须从社会和制度的变迁去找原因。如果仔细观察我们会发现，贵族的迁徙伴随着贵族政治权力和地方自由的逐渐丧失，到后来，不用有人引诱他们出走，他们就已经无心留下，千方百计地到城市中寻找栖身之地，似乎田园生活已经令他们兴趣索然。

当此之时，农村里几乎已经看不到第二代的富裕农民，种田的人一旦靠自己的勤勉挣到一点财产，就会立刻打发其子弟进城，并给他买下一官半职，从此在城市里安顿下来。直到今天，法国农民依然对自己所从事的农牧业表现出令人匪夷所思的厌恶，这种心理就可以上溯到这个时期。尽管导致这种心理的原因已经消失，但其影响依然存在。

当所有贵族全都离去，唯一能够和农民保持联系的"有教养的人"——或者用英国人的说法，唯一的绅士——就只剩下本堂神甫。可惜本堂神甫和农民的关系并不太融洽，其原因伏尔泰已经论述过，在于本堂神甫本人和政治权利制度的联系太过于紧密和明目张胆，虽然本堂神甫因此获得了许多特权，但是也部分地激起了人民的仇恨。

就这样，农民与上层阶级之间几乎被完全隔离了，即便是他们自己的乡亲，一旦有了知识，有了钱，有了能够帮助他们、领导他们的能力和机会后，也会选择逃离农村，避开农民。农民就好像被人从所有国民中淘汰出来，扔在了一个无人关注的角落。

这种状况从未在欧洲其他国家发生过，即使是在法国历史上，也从未有过类似的先例——即便是 14 世纪的农民，虽然受到更深的压迫，但他们也能得到更多的救助。那个时候，虽然贵族对农民十分暴虐，但他们从未抛弃农民。

18世纪的法国农村，变成了一个极端落后的共同体，身处其中的所有成员无不贫穷、蒙昧、野蛮，连村里的行政官都不识文墨，被人所轻视。村子里的理事不识字，村里收税的人不识数，这些居然变成了正常现象。昔日的领主已经没有统辖农民的权力，而且他们也觉得参与乡村治理是件很掉价的事情。

只有中央政权还在关心农村，但它只不过是想从农村中榨取更多的油水而已。

18世纪的农民就是这样一个被抛弃的阶级，既没人剥削它，也没人领导它。

那个时候，农村居民身上所承担的封建压迫已经在无形中撤销或减轻了，但是，依然有些新的负担加在他们身上，这些新负担或许比之前的更加沉重。农民不用再承受其先辈所承受过的苦难，但他们重新背负起一些其先辈闻所未闻的痛苦。

其中一个重要的负担就是军役税，众所周知，在短短两个世纪中，军役税增加了整整10倍，这一切的背后，几乎全是农民的血汗。

在这里，请容许我解释一下向农民征收军役税的方式。

1772年，总监本人给各省总督写了一封密函，其中有一段关于军役税的描述，堪称是一幅精确简明的军役税注解图："军役税是任意摊派的，在征收时是有连带责任的，在法国绝大部分地区都是对人不对物的，每年纳税人的财产状况有变动，军役税也会跟着发生变化。"这句话勾勒出军役税征收过程中的野蛮、荒唐，但全国最有教养的那些人依然对此无动于衷。

每个教区每年都有规定应缴纳的税额，照这位大臣所说，税额是不断变化的，以至于农民即使缴完了今年的军役税，也不会知道明年自己还要付多少税收。在征收军役税的时候，教区会随便任命一位农民为收税员，他的工作就是把税额负担分配到所有其他人身上。

这位收税员的处境并不比缴税人好，甚至可以说是糟糕透顶。为了了解他们的真实境况，我们可以听一听 1779 年贝里省议会的发言："既然大家都不愿当收税员，那就由每个人轮流担任，不论其能力高低，正直与否，每个人都有机会。

"收税员首先会制作一份纳税人名册，你可以在名册上探究收税员的人品德行，因为他们总会留下蛛丝马迹。

"制作这份名册最大的难题是如何确切知道邻人有多少财富，以及这份财富与那份财富之间的比例。但是收税员只能依靠自己的调研和经验来判断，所以通常在两年之内，他会用一半时间在纳税人的家庭之间奔走，如果遇到不识字的人，他就会在邻居中找人替补。"这件事情收税员是丝毫不敢马虎的，因为他要以他的所有财产乃至人身来为自己的职务负责。

但是再仔细也有疏漏的时候，杜尔阁曾经讲到另一个省的情况："收税员的职务带给那些任职者的总是绝望，因为这以后他们必定会破产，村里的那些殷实之家就是这样陆续陷入贫困的。"

然而被选中为收税员的倒霉蛋也不会一路倒霉到底，毕竟他手里还攥着一个重要的职权。这些人身上绝不会缺少横征暴敛的天赋，在这种时候，他们既是牺牲品，也是暴君。在他的任期内，虽然他自己破产与否的权力掌握在他人手里，但是他掌握着让大家破产的命运。

贝里省议会对这些人的所作所为有深入的剖析："他往往会给亲属、朋友和邻居各种优惠，而对他的敌人趁机报复。对给他派活的人的畏惧，对自己破产的恐惧，都能在瞬间把一个人同时变成天使和魔鬼。"

这些情感通常会让收税人变得残酷无情，而缴税人对收税员也充满了仇视，在有些教区，没有催税员和执达员陪同，收税员会寸步难行。1764年，有位总督对大臣说："当收税员不带执达员一同前往，该缴税的人根本就不愿缴纳。"吉耶内省议会还告诉我们说："仅维勒弗朗什财政区一处，就有106个拘役传令人和其他执达吏助理在大道上终日奔波。"

在18世纪的全盛时期，为了逃脱这种横征暴敛，法国的农民也像中世纪的犹太人一样，即便有钱，也要假装贫穷到极致，因为他们害怕富裕胜过害怕贫穷。有一份文件很生动地揭示了这种心理，这是曼恩农业协会1761年的一份报告，起初它宣布打算用牲畜作为一个竞赛的奖品，以资鼓励。但这个想法很快打消了，用农业协会文件中的原话，理由是这样的："因为获奖者会招来各种卑鄙的嫉妒，使他们在以后几年中被强派的税收搞得头痛不已。"

在这样的制度下，每个纳税人都会因为与自己利益攸关而去窥探邻居的隐私，并且向收税员告发邻舍财富的增加，很快，每个人都陷入嫉妒、告密和仇恨中。

不要以为这种事只会发生在印度的贵族领地上，在法国，它就是这么活生生地存在着。

当然，同时代的法国也有轻徭薄赋的地区，比如某些三级会议省便是这样。这些三级会议省也自行征税，但是军役税只按地产抽取，不会因为土地所有者的贫困或者富裕而变化，为此，它们还编制了固定的供查阅的土地清册。在这部编订精细、30年重修一次的清册上，土地按照肥沃程度被分为三等。这样一来，每个纳税人事先就精确地知道他该缴纳多少捐税。如果不愿意缴税，自会有人让他的土地来替他负责这件事。如果他认为自己在收税过程中受了损害，他永远有权要求将他的税额与他自己选定教区的另一居民的税额相比较。这就是今天我们所谓的比例平等上诉。

这些措施和现在遵循的那套规章制度如出一辙，事实上，它没有被我们做任何改进就被我们直接推广了。值得注意的是，我们并没有模仿旧制度政府的其他东西，我们只是从旧制度的政府中接收过来我们的国家管理形式，这相当于我们接管了机器，但是抛弃了产品。更何况，这套形式是从省议会而不是从旧制度的政府那里借来的。

农村的贫困还产生很多错误的格言，这些格言反过来使得贫困更难以被消除，譬如黎塞留在他的政治遗嘱中留下的一句话："人民一旦富裕，就很难遵章守纪。"18世纪的人们已经没有如此绝对的想法，但他们仍然相信，若不是为生活所迫，农民绝对不愿意干活，因为"穷苦是防止懒惰的唯一保障"。这套理论本是人们谈论殖民地黑奴时宣布的，在执政者中流传甚广，以致所有经济学派不得不摆出姿态批驳这条理论。

让我们回到军役税，一开始它的作用是供国王雇佣士兵，以代替贵族及其附庸的兵役，但到 17 世纪，服兵役的义务重又纳入自卫队名下，就相当于完全落在人民头上，而且差不多全部落在农民头上了。

如果有谁读过总督官邸中那满满几大箱关于追捕逃跑的自卫队士兵的办案笔录，他就会发现，对农民来说，自卫队简直是一个无法忍受的地方，他们宁可常常遁入林莽，忍受政府的武装追捕也不愿在自卫队服役。这种情况实在令人诧异，因为今天的强迫征兵制从来没有遇到过如此激烈的反抗。

旧制度下农民极端厌恶自卫队，这种情绪应该归因于执行法律所用的方法，而不是法律本身。其中应该为此负责的是这种做法的潜在原因是行为的随意性，因为只要没成家，一个 40 岁的男人都可能被自卫队征召。他们也担心朝令夕改，即使抽着免征签也无济于事，而且，农民往往不愿去干那些艰苦危险却没有出头之日的工作，但真正令农民厌恶的是，这样繁重的劳役必须由农民独立来承担，甚至由农民中最贫穷困苦的人来独立承担。

地位越是卑下，越觉得苛政难以忍受，却越面临苛刻的盘剥。

我收集了很多 1769 年各个教区中举行抽签的记录，从中可以找到每个教区的免征者记录：其中有贵族家的仆人，有修道院的守卫，还有一个资产者的奴仆，不过这个资产者过着贵族式的生活。从中可以得出一个结论，即只有富裕者可以免征。事实上也是如此，如果一个农民能够连续数年被纳入最高纳税者行列，他的子弟便享有免征的特权，他们称之为"鼓励农业"。没有人对这种不平等表示异议，就连在其他方面鼓吹平等的经济学派都对此无动于衷，甚至要求将这种做法推广开去。也就是说，让最贫困、最无人庇护的农民承担更多的负担。对此，一位经济学派人士解释道："除了下层平民，对于其他人来说，士兵微薄的军饷、简陋的吃住条件和彻底的依附性都显得太过于严酷，令人无法承受。"

在路易十四统治末期之前，交通道路网络都是无人保养的，或者由交通要道的所有使用者——就是国家或者沿途的地主——保养；但这个时期之后，交通要道的维修便开始单纯依靠劳役，这也就意味着农民独立承担起道路网络的保养工作。

不用掏一分钱就能保证交通网络通畅，实在是别具"创造力"的主意，无怪乎总监奥里在 1737 年的通报里提到要将它推广到整个法国，并规定总督有权任意关押不服劳役者，或者派兵进行搜捕。

也就是从那个时候开始，每当商业增长，对交通网络的需求进一步增加时，便会征召平民服劳役修新路。商业越发达，平民的徭役负担就越重。在贝里这个相对贫穷的省份，每年都要通过劳役进行价值估计为 70 万里弗尔的工程。1787 年下诺曼底通过劳役进行的工程估价与这一数额相差不多。农村平民的悲惨命运在这些数据中彰显得淋漓尽致：社会的进步使所有其他阶级越来越富裕，农村平民却要为此付出更多的代价，仿佛文明唯独跟他们作对。

也就在同一时期，从总督们的通信中我发现了这样一个提议：徭役应该被单独用于交通要道，也就是官道，而乡村间的道路则被禁止使用徭役。

最穷苦、最少出门游历的人反倒要承担修桥铺路的义务，而且不允许在自家的门前为自己修路，我找不到更加荒唐的想法了。

但这种荒唐的想法居然成为当时统治者们的主流想法，他们几乎不再考虑其他的方法。直到1776年，有人试图将徭役改为地方税，他成功了，但是不平等并没有消除，它只是改头换面，以新的名目继续存在。

徭役的负担在一步步地加重，从原来的领主徭役改为王室徭役，并且逐渐涉及所有公共工程。我看到一条法令，让各教区派遣最优秀的徭役工人，用来修建兵营！除此之外，徭役的范畴还包括押送苦役犯进监狱，把乞丐押送进慈善收容所等，甚至在军队换防时，徭役工人还要负责搬运军用物资。每支军队都会有庞大的辎重，必须从很远的地方调集大量车辆和牛才能拉走这些东西，因此这是个极为辛苦的工作。好在一开始，这类徭役的次数很少，但是随着常备军数量增加，这就成为一项最沉重的徭役。甚至连一些国家承包人都大声疾呼，要求给他们调派劳役运送建造军舰的木材。

这些徭役工人通常都是领工资的，不过工资总是随意规定，因此数额往往很低。

徭役和其他苛捐杂税的繁重甚至到了影响军役税的地步。1751年，一位收税人这样写道："为修路向农民征收的各项费用快要让他们无力缴纳军役税了。"

使农民陷入这种境地的根本原因，正是农民和其他阶层的彻底隔离。试想一下，如果在农民身旁有一些既有钱又有教养的人，即使他们无意保护农民，但他们至少有能力、有机会在统治者面前为农民说句话、求个情，至少能够避免更多新的压迫政策肆无忌惮地涌现出来。

1774 年，一位大领主曾写信给他所在省的总督，恳请他支持自己的某个改革，照他的说法，这种改革肯定能够让全村人富裕起来。他在信中提到种种理由，随后他提到要在村子里设立一个市集，他断定，食品价格将因市集而增加一倍。在这封信中，他还恳请总督资助些金钱，以便在此创办一所学校，为国王培养更加能干的子民。

据他自己说，他此前从来没有考虑过要在乡村搞这种改良，直到两年前国王的一封密札把他软禁在自己的城堡里，那时他才开始思考这种问题。在信中，他坦率地写道："两年的流放生涯让我相信所有这些事情是非常有用的。"

但是，很多人要到饥荒来临的时候才发现问题的严重，在这样的危机来临之时，中央政府才因孤立和软弱而深感恐惧；它希望恢复那些它摧毁的个人影响或政治团体，呼吁他们前来帮助，可惜无人相信，因为那些人早已死去。

在危机面前，那些最穷的省份中有一些总督，如杜尔阁，会选择贸然抵触法律，下令富庶的地主必须养活他们的佃农，直到第二年。我手头有许多本堂神甫 1770 年所写的信件，他们向总督建议向本教区内的大地主抽税，不管他们是在教的还是在俗的，他们的理由是："这些人坐拥大批田产，却没有住在那里，他们只是从那里攫取大笔收入，然后在其他地方挥霍无度。"

即使不是荒年，农村里也会出现许多乞丐，正如勒特罗纳所说："城市贫民有政府的救济，但是农村的平民一到冬天就只有行乞一条路可走。"

然而，人们对于不幸的人总是缺乏仁慈。1767 年，舒瓦瑟尔公爵[①]甚至企图清理掉全国所有的乞丐，而且手段极其残酷。从总督们的信件中，我们可以略窥一斑："当时的骑警队受命出击，逮捕了5万多名乞丐，在这些乞丐中，身强力壮的人被送去苦力营服苦役，其他人则被40多家乞丐收容所收押。"

与其这样大动干戈，为什么不能让有钱人发发善心？

然而，在旧制度法国，事实就是如此残酷。在上流社会之间，他们是彬彬有礼，举止有节的，可是一旦面对下层平民尤其是农民的时候，他们立刻会换上一张冷酷的嘴脸，下手毫不留情。我迄今为止还没有找到任何一份文件是通报总督下令逮捕资产阶级的，但是那些下令逮捕农民的文件层层叠叠，无论是因为服徭役、服军役，还是因为整肃乞丐、整顿治安，任何一个理由都能让大批农民被送进监狱、收容所和苦力营。我们的司法对于上流社会无比民主公正，他们可以拥有独立法庭、庭上辩论和监护性的公开审理，但是对于下层平民尤其是农民，法官只是当场做出判决，还不允许上诉。

而压迫还不仅限于此，除了让那些不幸者更不幸外，压迫还有一种更恶毒的表现形式，那就是阻挠这些不幸者自己改善不幸的处境。他们没有知识，比他们的农奴祖先更加愚昧，而且更加贫穷。他们身处技术大爆炸的时代，自己却身无长技；他们身处知识急剧膨胀的时代，自己却尚未开化。他们和所有的法国人一

---

① **舒瓦瑟尔公爵**

舒瓦瑟尔公爵（1719～1785），法国政治家、外交官。他曾出任国务大臣，为改变法国在七年战争之后的颓势，急于重整军备，鼓吹战争，最终惹恼了路易十五，被贬职。

样聪慧、敏捷，却不懂得如何使用这些优点，他们唯一能够赖以为生的只有种地，可他们却连地都种不好！"在我眼前看到的是10 世纪的农业"，这是英国一位著名农学家的评论。看来他们除了服兵役上战场之外，真的一无是处，至少在军队里，他们还能或多或少地与其他阶层保持必要的联系。

这就是那个时代的农民，被禁锢在与世隔绝的深渊中，贫瘠、孤立，被世界无视。

在天主教还没受到致命打击的前 20 年，政府在普查教区人口的时候会采取这样一个偷懒的方法：让本堂神甫在圣桌上点出参加复活节的人数，再加上小孩和病人的估计数，两者相加就得出本教区的居民总数。当我最开始读到这段资料的时候，我感到无比吃惊和害怕。

然而，一切终究还是会发生变化，新时代的思潮已经不可阻挡地渗透到这些蒙昧的人心中，尽管他们身处社会的边缘，但是这些思想依然通过种种隐蔽的地下暗流到达每一个阴暗的角落，用各种奇异的形式占据他们的心灵。但是从外表上，暂时还看不出任何变化，农民的风尚、习俗、信仰似乎一直没有变过，似乎农民早已习惯了受压迫，在压迫下，他们依然过着开心愉快的生活。

然而这绝对是一种错觉。的确，法国人总会在巨大的痛苦中表现出一副轻松愉快的神色，但这永远只是表象，他们只是因为知道厄运不可避免，于是刻意地不去想它，苦中作乐。如果你以为他们真的忘记了苦难，那就大错特错了。

在这种时候，法国人总有办法从苦难中打开一条出路，朝着他们认为有希望的方向一路狂奔，如果谁敢挡住这条路，他必定被人民的脚步碾碎。

法国人的这一民族特质我们今天已经很了解了，可是那时候的人还不知道，上流社会的人绝不会试图去了解下层平民的精神世界。与其他所有阶层都不相同的生活和教育经历使农民有一套自己的思维方式去解决所面临的问题，除了农民自己，没有人知道这是一种什么样的思维。而当时，穷人和富人已经没有任何利益共同点，也不再有任何感情共鸣和需要共同处理的事务，双方都不知道对方会以怎样的理解来审视世界。

没有比这种隔阂更可怕的了。

当大革命的风暴降临，这种隔阂带给上层社会一种荒唐的安全感，直到 1793 年，他们居然还在谈论平民是多么善良，多么温顺，多么忠诚，多么天真快乐。当后人回顾这个时代，我们总会感觉，这是一幅多么滑稽又多么恐怖的场景啊。

从刚才我论述的那些小事中，或许我们可以隐约窥见一条上帝赋予人类最伟大的政治法则。

法国的贵族阶级迫切地保持着与其他阶级的割裂，他们得偿所愿成功地免除了大部分纳税义务，把这些义务转嫁给了其他阶层。他们自以为免除了这些负担就等于保住了贵族的尊严，至少最初的时候从表面上看的确如此，但没过多久，他们就恶疾缠身。他们迅速衰亡，却没有得到任何关心，他们的特权越多，家境却越贫困。

与之相反，贵族阶层最为不屑的资产阶级却日益富裕，他们的教养与日俱增，他们就生活在贵族身边，但他们并不需要贵族，甚至反对贵族。高傲的贵族不愿与资产阶级合作，也不愿把他们当同胞，然后他们发现资产阶级成为他们的竞争对手，接着成为他们的敌人，最后成为他们的主人。

这个新崛起的阶级解除了他们在领地上所需要肩负的所有义务，却为他们保留了金钱和荣誉上的种种特权，他们似乎并没有任何损失，继续走在各阶层的前列，他们自以为还是社会的领袖。但是所有的簇拥与荣耀都是假象，他们实际上已经失去了一切，没人再听从他们、依附他们，他们早就成了孤家寡人。所以当最终遭到攻击时，他们毫无还手的余地。

尽管贵族阶层和资产阶级的命运有着巨大的差异，但在一点上二者殊途同归：同贵族一样，资产阶级也选择与平民阶层割离。资产者不愿意靠近农民，不愿触及底层农民惊心动魄的贫困，他们不愿意和农民联合起来共同对抗不平等，反而试图为自己的私利创造新的不平等。正如贵族拼命维护自己的特权，资产阶级也在竭尽全力地谋求特权。

要知道，资产阶级最早也是农民出身，但是他们迅速抛弃了农民，与之形同路人。只有当资产阶级把革命的武器交给农民的时候，他们才发现自己已经无意中唤起了农民的激情，但是，正如他们自己对农民的态度，农民也不会买他们的账，面对武装起来的平民阶层，资产阶级毫无控制力和领导权，最后只能被洪流卷走。

他们曾经是鼓动者，却旋即变成牺牲品。

伟大的法兰西曾一度雄踞欧洲之冠，却在瞬间变成一堆废墟，无数人为此感到惊诧，但如果熟读法兰西的历史，你就不难理解它的衰亡。我刚刚描述的几乎一切罪恶、一切错误、一切致命的偏见，其产生、持续、发展的根源都只有一个，那就是大多数国王对各阶层采取的分而治之的手腕。

但是，当资产阶级与贵族彻底割裂，他们与农民之间也彻底割裂，甚至每个阶级内部也被割裂为互无联系的小集团后，整个国家就再也没有力量可言。的确，政府因此取得了至高无上的权力，因为整个被割裂的社会已经组织不起力量去制约它，但是，当政府陷入危机的时候，也一样组织不起力量去援助它。最后，一旦王国大厦的根基动摇，这座宏伟的空中楼阁便瞬间崩塌。

最后，真正获利的仿佛只有平民阶层，他们从他们所有主子的过错和失误中打开了一条新的出路。但是，即使他们从身份上摆脱了主人的奴役，但从精神上，他们根本无法摆脱几百年来被灌输的种种错误思想、罪恶习俗和不良倾向。这就是为什么很多时候我们会发现，人民行使自由权时，竟然会像个奴隶一样分不清是非好歹，他们甚至控制不了自己的行为，野蛮地对待那些教会自己思考、教会自己反抗的人。

■ 政治广角

倾听底层的声音

农民是法国大革命的主力，也是法国最大的底层社会群体。在革命爆发前夕，法国农民受到更少的压迫和欺凌，几个世纪以来，他们的生活改善了许多。

但托克维尔提出了一个惊人的观点：这些农民受到一种前所

未有的、全新的压迫——但是所有其他阶级的人都离弃他们，他们处境之孤单也许为世界上任何地方所仅见。这是一种新奇的压迫。托克维尔指出，当时农民被其他阶层抛弃了，最后，农民自己也抛弃了自己，农村陷入一种荒芜状态。

没有人关心他们，也没有人替他们说话，他们只能默默承受一切弊政。他们为社会的发展付出最多，却得到最少，每一个阶层都在忙于攫取私利，没有人在意农民的失语，而是任由他们生活在孤苦无助的深渊里。穷人和富人之间几乎不再有共同的利益、共同的抱怨、共同的事务，穷人不再寄希望于富人，而富人也从不去了解穷人。后来的结果众所周知：平民阶层在沉默中爆发，用铁锤击碎贵族阶层和资产阶级的一切特权。

底层永远是最沉默的群体，但他们其实并不愿意沉默，他们只是失去了倾听者和话语权。但他们不会永远沉默——他们会用自己的方式发言。

微观卷

大革命缘起之社会民情风尚诱因

·第一章·

18 世纪中期，文人变为
国家首要政治家的原因及其后果

本章导读

◎ 当其他的种种自由只能掩埋于废墟中，我们至少还保留了一种自由，即几乎可以毫无顾忌地进行哲学思辨，不受限制地讨论社会的起源、政府的本质以及人类所应该拥有的原始权利。

18 世纪中叶，法国社会没有政治自由，文人对政治知之甚少，不但自己没有作为，也看不到别人的作为。他们看到社会上等级分明，压迫严重，特权泛滥，就自头脑中衍生出"人人生而平等"的思想。他们绘制了新的蓝图，想要重建一个理想中的社会，大力反对和批判一切旧的事物和传统。但是，他们忽略了一个很现实的问题，那就是他们的蓝图仅仅存在于自己的大脑中，而没有实践的支撑。

这些文人中没有人有从政的经历，他们都一样地严重脱离实际，对于革命带来的破坏和如何重建社会没有过多的思考。也正因此，他们对自己的理论盲目地相信，而且始终充满热忱地向世人传播。不得不说他们是愚昧的，也正是因为同样的愚昧，法国民众对于文人可谓言听计从，衷心拥护。

过去发生的那些古老的事件，都为法国大革命的爆发做了很好的铺垫，我暂且不去深究它们。我要论述的是最终确定这场革命的地位、发端和性质的事件，它们需要从最近发生的一些特殊事件中探寻。

在历史上很长一段时期中，法兰西民族的文学成就都独树一帜，欧洲的所有民族都难以与之相比。在 18 世纪中期前后，法国文人展现了他们从未展现过的精神，占据了他们在历史上从未占据过的地位。我想，这种情况不仅在法国史无前例，甚至在其他国家也从未发生过。

和英国文人不同的是，法国的这些文人从不涉足政治领域。而且恰恰相反，在这个官员很多的社会里，他们不担任任何公职，没有任何权力，也正因为如此，他们的生活从未比这个时期更加超脱过。

但是，他们又不同于大多数的德国同行，完全地不关心政治，只一味地将自己深埋于纯哲学或美文学之中。毫不夸张地说，法国的作家真正关心的反而正是同政府有关的各种问题，甚至终日谈论它们：社会的起源及其原始形式问题、公民和政府的原始权利问题、人与人之间自然和人为的相互关系问题、习俗的谬误和合法性问题、法律各种原则本身的问题等。

为此，他们每天都在深刻地探索着，一直深入他们那个时代政治体制的基础，并严格地考察其结构，尖锐地批判其设计。

事实上，关于这些重大的问题，虽然并不是所有文人都将其作为需要深刻研究的对象，大多数作家只是略微涉及，自娱自乐。但不可否认的是，所有的作家都遇到了这些问题。在那个时代所有的著作中，无论是大著作，还是诗歌作品，几乎都不同程度地包含着这些抽象的文学政治因素。

只是这些作家的政治体系分歧很大，虽然有一些人想将这种分歧进行调和，使之形成一个统一的、被公认的政府理论，但是这项工作从来没有人完成。

即便如此，如果我们忽略细枝末节，从根源去看，也不难发现，尽管这些作家的体系各不相同，但是他们至少能够在最基本的观念上达成共识。这个最基本的观念是他们不同思想的共同来源，仿佛在他们的头脑中最先存在，是他们每个人都设想到的。

也就是说，不管他们在前行中选择了怎样的道路，他们的起跑点都是一致的：他们都觉得，统治当代社会的、复杂的传统习惯，应该被那些简单而基本的、从理性与自然法中提取的法则取代。

从严格的意义上来说，所谓 18 世纪的政治哲学，就被包含在这个最基本的观念之中，只要人们仔细思量一下，就不难发现这个问题。

3000 年来，这样的思想一直在人类的想象中不断地闪现，只是从来没有被统一地固定下来。因此，尽管这一思想并不新鲜，却带给我们一连串的疑问：

这一次它如何让所有的作家有一个共同的认识呢？为什么它不像以前那样，只是闪现于为数不多的哲学家的头脑中，而是不可遏制地延伸到大众中去，使人们的政治热情如同火山一样爆发，经久不衰？为什么关于社会性质的抽象理论竟然成了人们日常闲聊的话题，甚至连妇女和农民的想象力都被极大地激发了呢？为什么没有地位、荣誉、财富，也没有职务和权力的作家，竟能摇身一变成为首要的政治家，并且是独一无二的政治家？难道是因为其他人在行使政权，而唯有这些作家在执掌权威吗？

这些似乎仅属于文学史的事件，对于大革命，甚至对于我们今天，都产生了难以想象的影响。我想用一些话来说明这样的问题，让大家知道这是何种非同小可的影响。

在18世纪，有这样一种现象：哲学家们普遍的观念与他们所处时代作为社会基础的观念，这两者之间如同水火一样格格不入。但是这种现象并不是偶然存在的。

当时的社会向哲学家们提供了这样的景象：荒谬而可笑的特权极度泛滥，使人们的内心感到越来越沉重，也越来越让人们认为，这种特权无须存在。哲学家们的思想正是被眼前所看到的社会景象同时推动，或者说是这种景象将哲学家们的头脑同时抛向"人类社会应当人人天生平等"的思想。

那些从旧社会沿袭下来的凌乱古怪的制度，虽然早已丧失它们应有的作用，但是从来没有人想要将它们进行改造，以适应新时代的需要，而且仿佛还要一直沿用于后世。这些景象哲学家们都看在眼里，因此，他们对旧事物以及传统深感厌恶，也就不约而同地趋向于以理性为唯一的依据，描绘出一幅崭新的未来图景，以重建一个全新的当代社会。

这些作家对于政府问题的抽象理论的兴趣，与他们的处境有关。他们的生活与实际是远远脱离的：没有任何生活经历减少他们天性中的热情；没有任何事物能够预先提醒他们，现实会为改革带来什么样的障碍；他们也没想过，那些必然伴随革命而来的危险。他们甚至对这一切都毫无预感！

由于没有最起码的政治自由，作家对政界的情况所知甚少，而且也并不关心。他们不仅与政界毫无关系，甚至也无法看到他人在政界的所作所为。可以说，如果一个人见过自由社会，或者听过关于它的争论，即使他不关心国家事务，也能得到一些关于它的教育，但是这些作家连这种浅显的教育也无从得知。

这样，作家们的想象力仿佛插上了翅膀，他们毫无胆怯地创新，更加热衷于那些最普遍的思想和体系，更蔑视所谓的旧社会的哲理，并且更加狂热地相信他们个人的理性。而这些无法抑制的激情，在那些专门研究政治学的作家中几乎很难看到。

因为同样的愚昧，民众极端相信作家们的言论，并衷心拥护他们。然而，如果法国人和以前一样，通过三级会议参与政治，每天能够在省议会中致力地方行政，他们就会维持一定的规章制度，以防止统一理论的产生。那么，也就可以断定，法国人绝对不会被作家们的思想轻易煽动。

如果能同英国人一样，拥有可以通过实践逐渐改变旧体制的精神，法国人也就不必废除旧的体制，这样，他们可能就不必心甘情愿地去想象那些原本不存在的东西。

但是，在财产、人身、福利或自尊方面，每一个法国人，每天都在承受着一些旧法律、旧政治惯例、旧权力的限制。这几乎是一种特殊的顽疾，他们找不到任何一个能够医治这一疾病的药方。似乎摆在他们面前的只有两条路：要么全盘忍受，要么全盘摧毁旧的国家体制。

然而，当其他的种种自由只能掩埋于废墟中，我们至少还保留了一种自由，即几乎可以毫无顾忌地进行哲学思辨，不受限制地讨论社会的起源、政府的本质以及人类所应该拥有的原始权利。

这样，所有被现有立法所限制的人们，很快便热衷于这种文学政治。我们不难想到：那些由于天性或者社会地位而远离抽象思辨的人，对于文学政治的爱好，更是深入内心；那些被不平等的军役税摊派压迫的纳税人，均因人人平等的思想而感到异常振奋；那些一直饱受贵族邻居祸害的小所有者，无不因一切特权都应受理性谴责而欢欣鼓舞。

这样，民众的种种激情都披上了哲学的外衣，政治生活被一只强大的手臂推入文学的行列。作家也因此掌控了舆论的航向，并占据了在自由国家里，通常由最高政党领袖所能占有的地位。

在当时的法国，没有任何人有能力与作家争夺这个地位。

以前，贵族阶级在其鼎盛时期既管理国家事务，又领导舆论，并限制作家，控制其思想。但是，18 世纪的法国，贵族随着其信誉和权力的消失，已经完全失去了那些统治权。由于贵族在精神领域已经失去一向占有的统治地位，作家也就能够在这片领域中尽情驰骋，独自占据着这个至高的位置。

除此之外，虽然作家们夺去了原本属于贵族的地位，但是贵族选择支持作家的伟大事业。贵族们甚至完全忘记了，如果这种普遍的理论受到民众的认可，就会不可抑制地转化为政治激情和具体的行动。

因此，贵族竟然把威胁到他们的特权，甚至与他们的生存都格格不入的新学说，简单地视为一种精神上的娱乐，他们甚至愿意置身其中，一味地消磨时光，一边安稳地享受着豁免权与特权，一边又平静地驳斥着那些旧习俗的荒谬。

当看到旧制度的上层阶级，竟然如此盲目地促进着自己走向灭亡的深渊，人们感到格外惊异。但是，他们从哪里看到希望的光芒呢？要使主要公民们得知自己所面临怎样的危险，正如要使小民们知道如何保卫自己的权利一样，自由的体制总是必不可少。

由于公共生活最后所留下的痕迹已经远离我们一个多世纪，从那时以来，最直接关心维持旧政体的人们，丝毫未注意过这座古老建筑的腐朽，他们总是和他们的先辈们认为的一样，由于这座建筑表面上没发生任何变化，他们从未听见这座朽屋发出任何撞击声和噪音，便以为一切都原封未动。

在 1789 年的陈情书里，贵族们曾经对王权的侵越行为表示担心，他们在 15 世纪的陈情书里也曾这样担心过。

在国王方面，伯克曾深刻地指出，不幸的路易十六在即将被民主洪流淹没的那一刻仍然认为贵族是王权的首要敌人，仿佛人们还生活在投石党运动的时代，他对贵族毫无信任。相反，就如同他在先王眼中一样，资产阶级和人民在他的眼中，是王室最坚实的依靠。

但是，我们已经目睹过太多场革命所留下的残迹，这就让我们更加奇怪：在先辈的头脑中竟然不存在暴力革命这个概念，他们既从未讨论过，也从未设想过暴力革命。

而公共自由也只是不断地给安稳如山的社会，一次又一次轻微的震动，时时提醒着社会可能走向覆灭，必须保持高度警惕。然而，在18世纪，法国社会就要陷入深渊的时候，却没有听到任何社会即将倾覆的警告。

1789年三级会议召开前，贵族等级、教士等级和第三等级所起草的陈情书，我都细心阅读过。我看到有的人要求改革法律，有的人要求改革惯例，我都一一做下了笔记。当我把这项繁杂的工作做完，并且将所有不同的要求集中到一起看时，我的发现让我惊恐万分，人们的要求实际上是同时并系统地将所有现行的法律和惯例全部废除掉。这也让我立即感觉到，这场革命将是有史以来规模最大、最为危险的革命。

而那些很可能在明天就要成为牺牲品的人，竟然对这种危险毫不知情。他们甚至认为，对于如此复杂、陈旧的社会，只要借助理性的效力，完全可以神不知鬼不觉地进行一场全面而突然的改革。

这些可怜的人啊，400年前先辈们那些朴实有力的话语，竟被他们在一味的盲目中遗忘：那些要求过大的独立自由的人，也必然是在寻求过大的奴役。

很长时间以来，由于贵族和资产阶级一直不能参与公共生活，他们所表现出来的无知和缺乏经验，并不怎么让我们惊奇。而那些管理国家事务的人——大臣、行政官、总督——他们所表现出的缺乏预见、愚昧无知，才真正应该让我们感到惊奇。虽然他们中的许多人处理本职工作时都格外在行，而且对当时政府的细枝末节也无所不知。

但是，一旦涉及如何治理国家、如何理解社会的普遍运动、如何判断并预见民众的精神动向及其后果的科学时，这些人就如同普通的民众一样，对此一无所知。而事实上，只有在自由的政治制度下，才能把治国安邦的权利完全交给政治家。

这一点，杜尔阁在 1775 年写给国王的呈文中说得十分清楚，他主张进行自由的全民选举，国王每年应召开为期 6 周的代议制①议会，但是议会只谈行政，绝不涉及政府；只提供咨询，不表达意志；只有权讨论法律，无权制定法律。

杜尔阁道："通过这种方式，王权就能不受阻碍，又能得到一定的启发，而且公众舆论也能满意，不会隐含任何危险。因为这些议会并没有权力反对国王的必要行动，即便是它们不听话（这种情况不可能存在），国王也永远是国家主宰。"

这项措施的意义以及杜尔阁所在时代的精神，是不会被低估的。的确如此，通常的情况也总是这样，只有当每一次革命即将接近尾声时，人们才会想起并且能够不受指责地实行杜尔阁提出的政策，即并不给予真正的自由，只让人们略微看到一些自由的身影。

奥古斯都的尝试曾获得了成功。当一国的国民已经厌倦了冗长而又无止境的争辩时，只要能获得安定，他们就会心甘情愿地

---

① **代议制**

代议制，即公民通过选举代表，组成代议机关，行使国家权力的议会制度，是一种间接民主形式。近代意义上的代议制度起源于英国。当代发达资本主义国家一般采用代议制议会。

任人欺骗。历史也能向我们呈现出很多鲜活的例子，如果要使国民满意，不需要大费周折，只需要在全国找到一些无名的或者无独立性的人，发给他们一定的酬劳，让他们装扮成政治议会的角色，演给国民看。

但这种做法并不适用于一场革命的开始阶段，因为这样不仅难以让民众满意，反而会激怒他们。在自由国家，连最普通的公民都会明白这一点，而杜尔阁作为行政官员却对此毫不知晓。

法兰西民族有这样的特点：他们对自身的事务并不熟悉，而且缺乏必要的经验，对国家制度深感不满却又没有足够的力量将其改善；同时，在整个世界上，法兰西民族又是最具文学修养、最热爱聪明才智的民族。了解了这些，人们就能够理解，作家为什么能够成为法国的一种政治力量，并且最终成为首要政治家。

在英国，研究怎么治理国家的作家，与国家官员的关系是密不可分的，一些人用新思想指导实践，另一些人通过具体事实来进一步修正理论。然而在法国全然不是这样。政界有两个不相往来、被分离开来的区域，仿佛是一直被划分好的：

在前一个区域，一些人负责治理国家，统治国民；在后一个区域，一些人负责制定抽象的理论，任何政府必须以此为基础。

在前一个区域，他们实施着具体措施，管理日常事务；在后一个区域，他们一味宣扬普遍法则，却从不考虑这些法则怎样才能实施。

也就是说，一个领域只负责领导事务，另一个领域只负责指导思想。

实际的社会结构还是传统的性质：混乱失序，法律条文繁杂、彼此矛盾，社会各阶层之间等级森严、不可逾越，权利和义务不相匹配。而在这个真实的社会上，又被虚构出一个理想的社会形态：在理性的光芒下，社会的一切可以简单、合理、和谐一致。

渐渐地，民众抛弃了现实的社会形态，在虚构的社会中肆意想象，并沉湎其中。他们对现实失去任何兴趣，只钟情于对未来的幻想，并最终选择了作家们为他们创造的精神生活，完全投入作家笔下那种理想的国度里。

人们常认为法国革命的爆发是受美国革命的影响，不可否认，美国革命确实对法国革命产生了一定的影响。然而，法国的思想对法国革命的影响，远远大于美国革命对法国革命的影响。

关于美国革命，当它在欧洲其他国家只是一件新鲜事时，对法国人来说，它已经并不新鲜，而且更真实可信，更震撼人心。

可以说，美国革命在欧洲是令人震惊的，而在法国，它是使人信服的。就好像费内隆 ① 突然出现在萨朗特 ②，美国人只是以实际行动实施了法国作家的设想：他们将法国作家们的幻想拉到了现实的世界中。

在历史上，人民的政治教育完全由作家来承担，这是极为罕见的，也许正是这种现象强有力地决定了法国革命所具有的性质，

---

① 费内隆

费内隆（1651 ～ 1715），法国国王路易十四时期的大主教、诗人、作家，被认为是18世纪思想家的先驱。1699 年他出版《忒勒马克斯》，在这部作品中，几乎毫不掩饰地攻击法国君主。

② 萨朗特

萨朗特，即克里特，是在费内隆的名作《忒勒马克斯》中提到的古希腊神话中克里特王伊多墨纽斯的王国。

并让法国在革命后，以如此面貌呈现在我们面前。

正在进行这场革命的国民，长期接受着作家们的教育，并感染了他们的情绪和气质。因为民众没有其他的启蒙老师，并且对实践茫然无知，他们就染上了作家们的本能、性情以及喜好。当国民真正行动起来时，各种文学习惯也就被全盘移植到政治中。

研究过法国革命史的人会知道，那些浩如烟海的、关于如何治国的抽象著作中所表达出的同一精神，为法国大革命提供了所要遵循的依据。这种同一的精神是：对普遍的理论、完整的立法体系和精确对称的法律，所表现出的共同兴趣，以及对现实的共同厌恶，对理论的共同信任，对政治机构中独特、新奇事物的共同爱好，并不是在某些细微处进行小修小补，而是在统一的逻辑和方案下，一举摧毁旧的社会结构的共同愿望。

这种景象的确令人惊异！因为同样的东西，在作家身上可以作为一种美德，而在政治家那里，有时候却演变为一种罪恶。我们很难想象，有些事物能使作家们写出优美的著作，却也能导致一场轰轰烈烈的革命。

那时政治语言也受到作家们的语言影响，形成了充满一般性词组、抽象术语、浮夸之词和文学句式的文风。而且这股文风借着政治热潮，像水一样无孔不入，渗透到各个阶级，并轻易地深入社会的最底层。

早在大革命之前，路易十六的敕令就常常提到自然法和人权。我发现农民在诉状中称邻居为同胞，称总督为可敬的行政官，称教区本堂神甫为圣坛使者，称上帝为最高主宰。这些农民只是不懂得拼写方法，否则他们成为相当出色的作家也是有可能的。

这些新的品质与法兰西民族性格中固有的东西，竟然融合得天衣无缝，以致人们常误以为这种新品质是源于人们的天性。

比如，我听到有人说，60年来我们在政治方面一直热衷于普遍思想、体系以及惯于夸大，这种偏好与我们种族中略微夸大的属性，即所谓的法兰西精神相关联。按照这一说法，仿佛这一属性一直在我们长长的历史中隐藏着，临近18世纪末才突然地显露出它的形迹。

只是，让人奇怪的是，虽然我们身上留存了源自文学的气息，但是我们对于文学根深蒂固的热爱之情几乎荡然无存。

我在参与公共生活期间所了解到的情况，也常常让我感到惊异：人们几乎不怎么读18世纪的著作，其他任何世纪的书就更不必说；他们甚至非常看不起作家，却忠实地保留了在他们出生以前，由一些负面的文学精神所显示出的某些致命缺点。

■ 政治广角

文人的优点和弊端

大革命前的法国政府企图控制国家的一切大小事务，它将手伸向一切社会实践领域，只有思想领域除外。当时的文人可以自由地讨论任何有关宗教、哲学、道德、政治的抽象原则和普遍理论，即使抨击当时社会赖以存在的基本原则也是被允许的。

在这种思想极度自由的环境中，文人逐渐发展成一个强大的群体，并成为这场革命的首要政治家和领导者。但是文人向人民提供的抽象的革命思想，并没有实践来支撑，他们的弱点和弊端很快就在革命之后显现出来。

在抽象的理想主义和对理想国的强烈信仰催动下，革命家们呈现出一种前所未有的疯狂。但是疯狂过后，暴力战争大获成功的同时，人们面对的是完全崩塌的社会秩序，难以建立的新的社会架构；目光所及皆是疮痍和狼狈，让人们心中升起新的不安，正是这种不安使人们不得不回归"过去的时代"。

同样是文人起到巨大作用的革命，中国的戊戌变法夭折于统治阶级的镇压，而法国大革命则毁在文人严重脱离现实的想象力中，并最终对新的专制制度俯首。

·第二章·

在 18 世纪的法国人身上，非宗教倾向占上风的原因及其对大革命特点的影响

本章导读

◎ 当宗教离开人类精神，它并不像经常发生的那样，让一个人空虚软弱。相反，精神可能一时间充满感情和思想，占据宗教的位置，暂时可以使精神不致消沉。

◎ 不仅仅在宗教问题上，所有事务方面均是如此。坚守信仰的人害怕被孤立，便加入到群众中来。

旧制度下的法国是政教合一的政体。在当时，基督教不仅仅是一种宗教教义或是私人的信仰和情感的寄托，更是一种政治制度，是法国封建制度的精神支柱。教会也已经发展成为法国社会的一个特权阶级，所以，教会的存在激起这样强烈的仇恨。

在当时的旧制度中已经产生了一股强大的社会变革力量，这种力量促进并实现了整个法国社会的大变革，并通过一种普遍的价值传播到整个欧洲。这类似于宗教改革时期思想的传播方式。

虽然在18世纪晚期，法国人称当时影响力最大的启蒙思想家伏尔泰为"菲尔奈教长"，在大革命中，许多人还把卢梭的《社会契约论》奉为《圣经》，但这不过是宗教的外衣。我们也可以这样说，法国大革命是一场披着宗教革命外衣的政治革命。

16世纪宗教革命前，对信仰的质疑大部分源于对传统基督教文本的考据和辨别。自路德的伟大宗教革命怀疑或抛弃基督教之后，更激进、大胆的人才出现。在路德[①]精神的鼓舞下，数百万教徒脱离天主教，部分基督徒不断创立新教，在"异端"之后，还出现了不信教或无神论的思潮。

一般来说，18世纪，天主教已失去了在欧洲大陆的大部分势力，但是在大部分国家，基督教并没有遭受猛烈攻击，有些放弃信仰的人还恋恋不舍。非宗教潮流只在君主和知识分子中传播，在第三等级的人民之中并不流行；无神论还只是小部分人的偏好，并非共同意见。

1787年米拉波写道："在德意志普遍流行这样的偏见，即普鲁士各邦到处都是无神论者。事实是，即便真有几个崇尚自由的思想家，人民还是像最虔诚的地区一样皈依基督，甚至有大量狂热

---

① **路德**

路德（1483～1546），16世纪德国著名宗教改革运动领袖。1512年他从维腾贝格大学获得神学博士学位，1517年发表《九十五条论纲》，批判罗马教会的贪污腐化，引发宗教改革。在其影响下，法国新教领袖加尔文在法国发起宗教改革。

的信徒。"

他还指出，腓特烈大帝禁止教士结婚，令人遗憾的是，国王还禁止已婚教士领薪水。米拉波还认为："（允许教士结婚）这项措施，我们认为是无愧于这位伟人的。"除法国以外，任何地方的非宗教意识还没有发展到对宗教不宽容和强烈抵制的那种程度。

法国发生的一切是前无古人的。过去人们也曾攻击宗教，人们热烈攻击一种宗教，却总是对新宗教更加虔诚。古代所谓"虚伪和受人憎恨的宗教"，恰恰是基督教兴起并取而代之时，才遇到大规模的狂热攻击；在基督教以前，它们一般都在信徒的冷落和怀疑中逐渐消失。这就是宗教的自然消亡过程。

如今，在法国，人们用一腔怒火攻击基督教，并不打算以新宗教取而代之。人们热烈而不遗余力地将曾充斥灵魂的信仰彻底从精神上扫除，内心只留下空虚。很多人即使徒劳无功，也在所不惜，就是为了达到这个目的。绝对无信仰是违反人类天性的，会使我们的灵魂陷入痛苦，但对群众似乎有吸引力。曾经缺乏信仰只产生某种病态的萎靡不振，现在却变成狂热和传道的精神根源。

几个彻底否定基督教的大作家团结在一起，但这不足以说明这一奇特的事件，这几个作家的思想为什么都支持一方而不倾向于另一方？为何在他们当中无人选择相反的论点？最后，为什么他们能胜过他们的先辈，使群众乐于听从他们，思想上愿意相信他们？

只有这些作家所处的时代和国家的特殊背景，才能解释作家们的事业以及成功。类似伏尔泰的观点由来已久，伏尔泰却只可能在 18 世纪的法国居支配地位。

首先，我们应当承认，法国教会和其他国家的教会并无差别，没有理由如此容易受到攻击；相反，法国教会的罪恶要比大部分天主教国家少；与过去相比，和其他民族相比，法国教会要宽容得多。

因此，我们必须在社会形态中找原因，而不是从宗教状况中寻找这一现象的根源。

要明白这一点，必须牢记前一章我阐述的观点，即政府的种种罪恶导致的对立观点，假如不能公开，就只能暗藏在文字当中。作家已经成为企图推翻整个政权的真正首脑。

抓住这一点，我们问题的对象就变了。关键不再在于大革命时期教会可能的罪状，而是，教会当时在哪方面阻碍了政治革命，并且成为革命发动者——作家们的绊脚石。

教会用教法阻碍作家们树立的世俗政府治理原则。教会靠传统管理，作家则蔑视一切传统权威上的制度；教会认为存在一种超越理性的权威，作家则只信赖理性；教会建立在等级制之上，作家却坚持阶级平等。

若想和睦相处，双方只能承认二者性质不同，应该政教分离，但在当时，这是不可能的，为了推翻政治制度，必须摧毁教会，教会乃是法国国家制度的基础。

此外，教权还是当时第一权力，尽管不是最高权力，却是所有权力中最令人厌恶的。教会卷入政治，尽管这和教会的教义格格不入；教会谴责罪恶，却神化政治罪恶，并利用教义的"神圣不可侵犯"替罪恶辩护，鼓吹政权神授。因此作家们攻击教会一定会立即使民情激奋。

除此之外，作家们拿教会开刀还有个人的原因。教会恰恰是政府权力中和他们联系最近的部分。他们对其他权力非常模糊，教会专门负责监视思想动态，查禁作品，每天为难他们。作家们反对教会、捍卫人类精神自由，为自己的事业而斗争，这场斗争必然要从打碎束缚他们最紧的枷锁开始。

此外，在他们看来，教会是眼前垮塌大厦中暴露在外、最脆弱的部分，事实也确实如此。世俗君权加强，教会逐渐削弱。教会曾经凌驾于王权之上，后来平起平坐，最后则沦落为君王庇护的对象；君主与教会的契约是，君主向教会提供保护，教会赋予君主名义上的合法性，君主命令臣民信教，教会要求信徒忠君。当革命时代临近时，这是一笔危险的交易，对于一个建立在信仰而非强权之上的势力来说，这永远是不利的。

法国国王自命为教会之子，但对履行宗教义务漫不经心。他们保护教会的热情远比不上对政权的热情。当然，国王不允许人们直接冒犯教会，但是能够容忍人们在远处将无数的投枪刺向教会。

对反对教会者的宽容，并未减少他们攻击的力度，反而刺激反对的力量进一步增长。有时，压制作家，可以阻滞思想启蒙运动，另一些时候却可能加速启蒙运动。法国当时出版界实行的警察制度，就成倍地扩大了反对者的力量。

迫害作家，只能让他们抱怨，却不能让他们害怕；他们能忍受肉体上折磨，却不能忍受思想上的沉重桎梏。

对作家起诉的程序，拖沓、杂乱，经常不了了之，仿佛不是禁止他们动笔，而是激发他们写作。其实，出版自由倒可能对教会损害小些。

1768 年狄德罗给大卫·休谟写信说："你认为我们的不宽容，比你们的绝对自由更有利于思想的进步，霍尔巴赫[①]、爱尔维修[②]、莫尔莱[③] 和絮亚尔[④] 不同意你的看法。"事实上，这位苏格兰人一针见血。作为自由国家的居民，他的判断更加准确；狄德罗以知识分子的身份判断，休谟则从政治角度判断。

无论在美国，还是在其他地方，我碰到的每一个美国人，问他宗教对法治稳定和良好的社会秩序是否有益，他会毫不犹豫地回答我，文明社会，尤其是自由社会，没有宗教便无法生存。

在他看来，尊重宗教是国家稳定与个人安全的最重要保障。即使对政治学无知的人也懂得这点。但是，世界上没有哪一个国家，比美国更多地运用 18 世纪哲学家的政治哲学假说。尽管有绝对出版自由的保障，反宗教的学说却从未在美国问世。

---

① 霍尔巴赫

霍尔巴赫（1723～1789），18 世纪法国启蒙思想家、百科全书派哲学家、无神论者，主张机械唯物主义。著有《自然的体系》、《社会的体系》、《揭穿了的基督教》等。

② 爱尔维修

爱尔维修（1715～1771），18 世纪法国启蒙思想家、唯物主义哲学家、无神论者。主要著作有《论精神》、《论人的理智能力和教育》。

③ 莫尔莱

莫尔莱（1727～1819），法国作家、百科全书派哲学家。

④ 絮亚尔

絮亚尔（1732～1817），1774 年法兰西学院院士、作家、记者。

英国也是如此。在大多数法国哲学家之前，我们反宗教的哲学就已经在他们那里传授：正是博林布鲁克[①]培养了伏尔泰。18世纪，英国一直不信教的著名人士、才思敏捷的作家、深刻睿智的思想家鼓吹反宗教，却从未像在法国一样取得胜利，因为对革命心怀疑惧的人都会急忙来拯救信仰。哪怕是卷入革命最深、认同法国哲学家的人，也对此加以拒绝。

像自由民族中历来发生的情况一样，强大政党发现和教会结盟是有利的，博林布鲁克本人就成了主教们的盟友。教士为他们的事业奋斗，竭力维护这种联盟。尽管英国公教会流弊极深，却成功地顶住了冲击；教士中出现了作家和演说家，全力捍卫基督教。反对基督教的理论在辩论中受到驳斥，最后被社会抛弃，而政府从不介入。

为何不在法国而到别国去找例证呢？今天有哪个法国人写狄德罗或爱尔维修那样的书呢？谁愿读这些书？我几乎要说，有谁知道这些书名？60年来我们在公共事务中获得的不完全经验，足以使我们讨厌这类危险文学。

请看一看，在不同阶级中，在革命这所严峻的学校里受到教训之后，尊重宗教的看法已逐步占据优势。1789年以前，最反宗教的阶级——旧贵族阶级，1793年后变成最虔诚的阶级，他们首先被冲击，也最先皈依宗教。当资产阶级在胜利中受到打击，他

---

① 博林布鲁克

博林布鲁克（1678～1751），英国政治家、哲学家、作家。他主张自然神论，博学多才，支持君主立宪，反对暴力革命，著有《论贤王》，鼓吹革命的荣耀归于国王。

们也向宗教信仰靠拢。

渐渐地，对宗教的尊奉深入到民众中受损的人群中。随着革命恐怖的出现，法国反宗教的情绪消失了，或至少掩藏起来。

旧制度垮台时的场景完全不同与此。我们完全忘掉了人类重大事务的经验教训，我们对宗教在帝国治理中的作用一无所知，因此反宗教的思想，首先在那些迫切要求恢复国家秩序的人群中确立。他们不仅欢迎非宗教，而且盲目地向大众传播，他们将对宗教的不虔诚视作百无聊赖中的消遣。

法国教会曾经的大演讲家，此时被教会的同盟者背弃，选择缄默不语。人们过去一度相信，只要教会还有权有势，它们就可能出于信仰进行谴责。

否定基督教的人声嘶力竭，信仰基督教的人则鸦雀无声。大革命以来，这种情况不仅仅在宗教问题上，所有事务方面均是如此。坚守信仰的人害怕被孤立，便加入到群众中来。反宗教的声音在当时只不过是一部分国民的真情实感，就这样似乎成了全体民意，在制造这种假象的人眼里，这种反宗教的感情便像是不可抗拒的。

18世纪末，宗教信仰威信扫地，这无疑对大革命起了最大的影响：它构成了法国革命的特点。人们之所以将法国革命看成是面目可憎的，主要是从这里得来的印象。

当我力图辨别非宗教运动在当时的各种后果时，我发现：与其说非宗教使人心堕落或道德败坏，不如说使人思想发生错乱，以致采取各种极端行为。

当宗教离开人类精神，它并不像经常发生的那样，让一个人空虚软弱。相反，精神可能一时间充满感情和思想，占据宗教的位置，暂时可以使精神不致消沉。

如果说大革命中的法国人不如我们对宗教虔信，他们至少还有我们没有的令人赞美的信仰：他们相信他们自己。他们不怀疑人的完美和力量，忠实于人的荣誉，相信人的美德。他们将这种高傲的自信心化作自身力量。

诚然，这常常导致错误，但没有它，人民只能接受奴役。他们从不怀疑自己的使命，坚持改造社会，树立新生。这些情感和热情已变成一种新宗教，产生类似宗教的某些巨大效果。这种精神使人们摆脱利己主义，崇尚英雄主义和忠诚，胸襟开阔，不斤斤计较且大公无私。

我深入地研究历史，我敢肯定：我从未遇见这样的革命，它从一开始就在如此众多的人身上表现出无与伦比的、赤诚的爱国主义，大公无私的胸怀以及真正的伟大。

法兰西民族在大革命中暴露了致命的缺点，但它同样显现了生机勃勃的、奋发向上的、勇于开拓和恢复的品质。但反宗教运动在当时，的确造成巨大的社会危害。在大革命以前，世界上大多数伟大政治革命，推翻政治制度的革命者都尊重信仰；在大多数宗教革命中，攻击宗教的革命者从未试图变革政权的性质和秩序，彻底废除旧的政府体制。故而在最大的社会动荡中，始终有一个基点是牢固不动的。

但是在法国大革命中，宗教法规被废除，政府体制也被推翻，人类精神完全超出常态，没有任何事物可以作为社会基础，没有任何精神寄托，革命者们仿佛是一个新诞生的人类种族，他们的鲁莽简直发展到了疯狂的程度：只要是新鲜事物，他们都习以为常，任何细节都不屑一顾，执行计划从不三思而后行。

我们绝对不能认为，这只是偶然和暂时的、孤立的，注定昙花一现，转瞬即逝。事实上，大革命之后，法兰西从此形成一个新的种族，散布地球上所有文明地区，世代延绵，和大革命的那群人拥有同样的风貌、同样的激情、同样的秉性。我们来到世上时便看到了这个种族，如今它仍在我们眼前。

■ 政治广角

新教与资本主义精神

在欧洲历史中，你会发现，宗教与世俗政权总是结合得非常紧密，而人民与教会的斗争也总是接连不断。教会坚持和宣传的一切与启蒙运动弘扬的平等和理性格格不入，而在所有政治权力中，宗教权力是直接面对私人的，所以很多革命或运动都会选择先从教会开刀。

在大革命之前，人们总是在被新宗教唤起的虔诚中开始对旧宗教的攻击，如16世纪的宗教改革运动，新教的产生促进了民族意识的觉醒，并逐渐发展成政治运动，给予封建制度和天主教教会以沉重打击。

法国大革命与其他的宗教改革运动有所不同。它有着宗教的外表，其中却弥漫着非宗教乃至反宗教的倾向。虽然大革命中的法国人在宗教上不够虔信，但他们有一种同样令人赞美的信仰：相信自己。

进行大革命的法国对人类的可能完美性和力量有着深深的骄傲，他们一心热衷于人类的光荣，相信人类的美德。虽然这种骄傲和自信不一定能将人们引导至正确的道路上，但没有它，人们只能受奴役。

　　大革命中的法国人始终相信自己的使命就是改造社会，让人们获得新生，并善于将这种自信化为自己的力量。谁能说他们不是将这种情感变成一种新的宗教呢？毕竟，它产生了一些和宗教一样的巨大效果。

·第三章·

法国人为什么先要改革，后要自由

本章导读

◎ 只欣赏利益和好处的人，从未长久保持自由。

◎ 谁在自由中寻求自由之外的东西，就只配接受被奴役的命运。

在托克维尔看来，法国人民并不是真正地热爱自由，他们热爱的不过是自由带来的物质利益，他们真正痛恨的并不是其依附的主子，而是主人对他们的压迫。这就是为什么即使法国大革命闹得如此激烈，革命之后的自由政府建立得如此频繁，却始终没能出现像英国1215年《自由大宪章》那样的约束王权的法律文件，也没有培养出真正热爱自由的传统。

从革命的首要领导者——知识分子的各类演说和著作中，可以看到，革命的关键不在于摧毁政权，而在于改变政权。人们确实向往自由，也对旧制度被彻底摧毁后的社会做了很多的设想，偏偏这些设想都是与自由制度对立的。

旧政府进行的一些谨小慎微的改革让人们尝到了甜头，使得他们在公共繁荣中厌倦自由，唯恐反抗会损害自己的利益，所以真正自由的政府在大革命之后的60年内不断地被人民推翻，最终专制政府建立才让法国人民得到暂时满足。

有一个现象值得注意，在所有大革命前产生的思想舆论中，严格意义上的公民自由思想，是最后一个出现却第一个消失的。

古老的政府大厦在人们的心中早已摇摇欲坠，但自由问题甚少被人提及。伏尔泰极少思考自由，在英国的3年，他目睹了自由，却并不热爱自由。他钦佩英国随处可见的怀疑论哲学，但英国的政治法律对他影响很小，伏尔泰关注其缺点甚至超过优点。在他的杰作之一——有关英国的书信中，议会是他谈得最少的，实际上，伏尔泰不大留心英国的政治自由，独独羡慕其学术自由，仿佛即便没有政治自由，学术自由仍能长期存在。

18世纪中叶前夕，法国出现了若干专述社会管理问题的作家，因他们观点相似，人们称其为"经济学派或重农学派[①]"。经济学派在历史学界不像哲学家那么有名，一般认为他们对大革命的贡献略低，但我认为，通过他们的著作才能最好地研究大革命

---

① 重农学派

重农学派，18世纪50～70年代兴起的法国经济学学派，代表人物是魁奈及其追随者，以及大臣杜尔阁。学派以自然秩序为最高信条，视农业为财富的唯一来源和社会一切收入的基础，认为保障财产权利和个人经济自由是社会繁荣的必要因素。

的真正本质。

在治理国家问题上，哲学家只有一般的、异常抽象的理论，经济学派也没有离开理论，但更接近现实。有些人阐释抽象的事物，另一些人则关心实践。大革命废除的一切制度，都是他们抨击的某一目标，在他们眼中，任何旧制度都无法宽容。相反，大革命本该创造的制度，皆是他们鼓吹或者预设的。人们挑不出一种制度的萌芽不在他们当时著作的设想中，在他们身上，人们几乎可以找到大革命最基本的内容。

此外，我们能够从中看到熟悉的革命民主气质：憎恨特权，厌恶等级之分；追求平等，哪怕是奴役的平等；妨碍他们的计划，都应当彻底被粉碎；他们不尊重契约，也不尊重个人权利。确切地说，在他们看来，个人权利是虚构的，只有公权才是最实际的。总的说来，他们是温和善良的学者、公正的法官和干练的行政官员，忠于事业的才华指引他们的工作。

经济学派蔑视一切旧制度和事物。"无数个世纪以来，错误的原则一直统治着国家，好像一切都是偶然造成的。"勒特罗纳说道。他们的工作全部从这一思想出发，任何法国古老的、历史遗留的制度，稍微违逆他们的意志，让计划不够完美和谐，都被要求一律废除。其中一人提倡取消领土地界，重定省名，40年后法国制宪议会将其付诸实施。

自由制度的思想还没有出现前，经济学派那些社会改革的思想已经成熟了。他们支持农产品自由交易，赞成工商业自由放任政策，他们从不考虑政治自由，甚至即使自由思想的光偶尔闪过，也要立即排斥。

大多数人首先就极力反对设立议会，反对封建附庸，总之，反对不同时期自由民族建立的旨在维持中央权力平衡的所有力量。

魁奈 ① 说道："在政府中设平衡力量制度是个有害的思想。"魁奈的一位友人说："人们据以设想出平衡力量制度的议论纯属虚构。"他们发明的对付政府滥施权力的手段就是公共教育。

按照魁奈的说法，"如果国民有教养，专制制度不可能长存"。他的一位弟子说道："人们对政府滥施权力招致的灾难感到震惊，便想出了无数徒劳的手段，却忽视了唯一真正有效的手段，即对普通法律和自然秩序理念长期普及教育。"他们企图用文学上的只言片语替代政治上的保障。

勒特罗纳对被法国抛弃的农村深表痛惜：农村道路失修、缺乏工业，愚昧无知。但是，他从未想过，将农村事务交给农民事情会办得更好。

杜尔阁志向远大，天赋超群，鹤立鸡群，但他对政治自由见识一般，直到晚年，在公众意识的启迪下，他才关注政治自由。他和多数经济学派的人一样，认为最重要的政治保障是某种国家精神和阶段执行的公共教育。

据同代人撰写的《一种符合原则的教育机制》所说，杜尔阁

---

① **魁奈**

魁奈（1694 ~ 1774），法国古典政治经济学奠基人之一，法国重农学派的创始人和重要代表。其人医术精湛，曾任路易十五的宫廷御医，被封为贵族。同百科全书学派的狄德罗等人交往研究哲学后转到经济学，重点研究法国农业的生产，著有经济学代表作《经济表》等名著。

坚信这套知识疗法的作用。他在一份奏折中提出："我相信，陛下，10年以后，您的臣民将面目一新，对知识、风尚和忠君爱国的满腔热忱，会让您的臣民成为最优秀的臣民。如今幼童，明日栋梁，他们爱国崇威，帮助同胞不因恐惧，而出于理性、习惯去尊重法律。"

法国废除政治自由的机构已久，有关政治自由条件和结果的记忆荡然无存。那些遗留的残迹，乃至种种政治自由替代制度，让政治自由受到质疑和各种非议。三级会议陈旧不堪，思想停留在中世纪，不但不能推动社会进步，反而起到阻碍作用；最高法院是唯一的政治团体替代机构，它非但不能防止政府作恶，还经常阻止政府行善。

在经济学派看来，靠这些旧制度工具实现他们的理想革命是行不通的，委托革命的主要力量——国民——执行计划，同样不尽如人意。怎样才能使改革体系有机地统一起来，为全体人民采用和执行呢？王室政府，为他们的计划服务，在他们看来更容易，最为理想。

新政权不能带有中世纪的痕迹，不能脱胎于中世纪的制度。在新政权的错误中，经济学派发现某些良好倾向：偏爱平等，法规统一；痛恨所有脱胎于封建制度或倾向贵族制度的旧政权。在欧洲其他地方，找不到第二个组织有力、强大的政府机器；在法国，这样的政府对他们是天赐良机。倘若像今天一样，幸运的时机让上帝随时干预，他们定会称之为天意。

勒特罗纳说："法国比英国好得多，因为在法国，人们瞬间就能完成全国的改革，而在英国，这样的改革总会受到党派的阻碍。"

所以，关键不在于摧毁专制政权，而在转变政权。梅西埃·德·拉·里维埃说道："国家必须有序而治，当国家这样做时，它应有绝对的权力。"另一个人说："明确国家职责，然后给它自由。"从魁奈到博多修院院长，我们会发现他们都有同样的想法。

他们指望王室改革社会，并且能够借鉴他们的"未来政府"建议。这样，人们看到这一个（指王室），就必然立刻浮现另一个的形象（重农经济学派）。

按照经济学派的观点，国家不仅要号令国民，还应该培养教育国民。国家要按照某种预想的道德典范培养公民精神，国家有义务将某些必要的思想灌输给公民，塑造公民心中某些必需的情感。

实际上，他们对国家的权力没有限制，国家的权力也没有任何边界，国家使人改邪归正，彻底转变——也许只有国家，才能将人培养成另一种人！"国家随心所欲造就人们。"博多说道。这句话概括了他们的全部理论。

经济学派设想的庞大权力是空前的，起源和性质上也同当时所有的政权完全不同。它不出自上帝，也与传统无关；它不是国王个人，而叫国家；它非家族财产，而是一切人的产物和象征，个体的权利必须服从于全体意志。

名为民主实为独裁的特殊专制形式，中世纪闻所未闻，经济学派却已经熟悉。社会中不存在等级和阶级之分，没有一成不变的阶级地位；人民由彼此类似、完全平等的个人组成，这个混合的群体是公认的合法主宰，却失去了监督和领导政府的一切权力。

独一无二的代理人，高高在上，以人民的名义处理一切事务，却不必征求人民的意见。赋权的，是无组织的公共理性；约束他的，则是革命而不是法律。在法律上，他是听命于人的公仆；在事实上，他才是主人。

他们在欧洲找不到这种理想的机制，就到亚洲去找。我可以毫不夸张地说，没有一个人在他们著作的某一部分，不对中国大加赞扬。读他们的书，就一定会看到对中国的溢美之词：因为对中国缺乏认知，他们大部分所言尽是无稽之谈。

被一小撮欧洲传教士摆布的那个虚弱、野蛮的政府，在他们看来，却是世界各国该仿效的完美典范。他们心目中的中国政府，就像后来法国人心目中的英国和美国政府。在中国，专制君主公正有效，每年躬耕示范，奖掖有用之术；一切官职均经科举获得；哲学成为宗教，文人被奉为贵族。看到这样的国家，他们叹为观止，心驰神往。

人们以为我们今天所谓的"社会主义"的那些破坏性理论是最近才产生的，而这是一个错误：它与经济学派属同一时代。当经济学派幻想靠国家改变社会时，另一些人则一心想利用同一政权形式，毁灭社会的基础。

请读一下摩莱里①的《自然法典》，在书里我们能找到同样的

---

① 摩莱里

摩莱里，大约生活在1700～1780年间。18世纪法国空想社会主义者，是18世纪法国学术史上最神秘的人物之一。他一生写了许多著作，最有影响的著作是《自然法典》、《论人类精神》和《论人类心灵或教育自然原则》。

内容：经济学派有关国家的绝对权力、国家权力不受限制的全部学说，也能找到近代使法兰西最害怕的诸多政治理论，我们似乎正看着它们诞生：财产公有制、劳动权利、绝对平等、整齐划一、个人服从计划、上级决定一切和公民完全并入集体。

"一切物品归社会所有，没有任何私人财产。"法典第一条说道。"财产是可憎的，企图恢复财产的人将被视为疯子和社会公敌，终身监禁。每个公民均将由公众出资负责生产、供养和照顾。"法典第二条说道。

"一切产品将集中在公共商店内，分配给所有公民，用于他们的生活需要。城市按同一规划建设，所有供个人使用的建筑物均应彼此一样。所有孩子到了 5 岁均将从家带走，由国家出钱，按统一方法共同抚养。"

你大概以为本书是昨天才写的，其实它已有 100 年的历史。它出版于 1755 年，正值魁奈创建重农学派。中央集权制与社会主义的确是同一土壤的产物，它们二者之间的关系，就好比是栽培的果实与野生的小树一样。

对于他们同时代的其他人，当代我们最熟悉的是重农经济学派。他们和我们当代人如此接近，对平等自由的热情和爱好是如此明朗。当我读到革命策动者的演说和著作时，我有种突然被带到完全不认识的陌生地方的感觉；当我浏览经济学派的文章时，我仿佛生活在他们的时代，和他们促膝交谈。

1750 年以前，国民对政治自由的要求还表现得不如经济学派：国民脱离政治自由，对其兴趣乃至观念都已经消失。国民对改革的期望超过对权利的期许，假如在当时能够有一个君主，在见识和气度方面能和腓特烈大帝在位时一样，对于他会实现大革命中的重大变革——不仅不会丧失王位，而且会大大增加君主权威，我将毫不怀疑。

据说，路易十五能臣之一的德·马肖尔先生，曾经预感到革命的危险，并向路易十五上书建议。可是，这些事业并非上书建议就能执行，只有人们能创造这类事业时，才有可能去完成它们。

20年后，时势巨变：自由的形象在法国人心目中树立起来，声望日高。这方面的迹象甚多：外省开始要求恢复自治；天下人皆可议政参政的思想深入人心；对昔日的三级会议记忆恢复；法兰西民族厌恶过往，唯独青睐这段时期；新潮思想席卷了经济学派，他们必须给中央集权加进某些自由元素。

1771年，法国国王高等法院被废除。过去，人们经常为其判决所苦，如今，却惊慌失措，仿佛高等法院一倒，这最后一道制约王权的障碍就拆除了。

民众的反对让伏尔泰惊讶、愤懑。他致函友人道："差不多整个王国都陷入沸腾惊愕之中，外省同巴黎一样民情鼎沸。可是我觉得国王敕令充满了有益的改革，废除卖官鬻爵，司法免费，防止偏远原告到巴黎告状而倾家荡产，国王负责偿付领主法庭费用，难道这些措施于国家不是大有裨益吗？况且，这些高等法院难道不常常是迫害狂、野蛮人吗？确实，我佩服那些野蛮人和桀骜不驯的第三等级搞到一起。至于我呢，我相信国王是对的，同样是侍奉他人，我宁愿选择生来就是强者的狮子，也不愿选择和我们同样弱势的鼠辈。"他还自我辩白地说道："想想看，我应当赞赏国王对各地领主的恩赐，国王替他们偿付司法费用。"

伏尔泰离开巴黎日久，以为民众风貌还是他在巴黎时的样子。实际上，法国已经面目全非。法国人不仅要求政府改革，还要求亲自参与到改革中，一场大革命即将爆发，不仅人民支持，更由人民开始。

我想，从那时起，大革命已经不可避免，旧制度将玉石俱焚。人民的充分准备，亲力亲为，全面参与，才能毁掉旧制度的一切。专制君主本可以扮演谨小慎微的改革家的角色。大革命摧毁妨碍自由的制度、思想、习俗，它也废除自由赖以存在的其他东西。当我考虑到这一点，我便倾向于认为，若由一个专制的君主革命，我们有朝一日可能成为一个自由的民族。若由民众自发革命，我们不可能变成一个自由民族。

若要真正理解我们这场革命的历史，最好不要忘记上文所述的观点。

当法国人对政治自由的热爱火焰重新燃起时，关于政府问题他们已经有了很多的概念，而这些概念几乎与自由制度的存在是完全对立的。

在法国人的理想社会中，他们有这样的设想：只承认人民的存在，除了公务员贵族之外，不存在其他的贵族；只有一个唯一的政府，它拥有无限的权力，唯独它能够领导国家，保护个人。这样，他们既想要自由，又丝毫不愿抛开这个拥有无限权力的国家，他们只是试图将其与自由的概念尽量调和在一起。

于是，他们建立了中央集权下的无限政府和占有优势地位的立法团结合的制度：官僚制度和民选政府。国民只是以整体拥有一切主权，公民作为个人却被限制在最狭隘的依附地位：作为国民，要求人们具有自由者的阅历和品德；作为公民，则要求具有忠顺服从的品质。

将政治自由引入截然对立的制度和思想（人们对这些制度和思想习以为常或偏爱），60年来，自由政府的屡试屡败，结果招致大革命的危害。最终，多数法国人终于心灰意懒，决意抛弃自由，回到起点，归结于一点：无论如何，如果只有一个主人，平等地生活还能尝到一点甜头。今日处境下的我们，更像1750年的经济学派，不像1789年的前辈。

我经常怀疑：历代促使人们建立伟业的自由激情从何而来？是从什么样的情感中滋生出来的？我清楚地看到，人民误入歧路——起初一心向往自由自治，这种追求只是摆脱专制弊端的暂时性需要，绝不可能持久，终将与突发事件一同消失。人们表面上爱自由，其实只是痛恨主子的压迫。为自由而生的民族，憎恨的是依附的主人而已。

我不相信真正的爱自由是源于物质利益，这种看法常常使人模糊：善于保持自由的人，自由总会带来富裕、利益、财富。但实际上，有时自由让人暂时不能享受福利；另一些时候，唯有专制才能让人获得短暂的满足。只欣赏利益和好处的人，从未长久保持自由。历史上，有些人向来依恋自由，但这种依恋出于自由本身的魅力，与其物质利益无关，这就是在上帝和真理的统治下，无拘无束地说话、做事、呼吸的快乐。谁在自由中寻求自由之外的东西，就只配接受被奴役的命运。

某些民族对自由孜孜以求、不畏艰难。他们爱自由，并非因自由的物质利益。在他们眼里，自由是珍贵、必需的福旨，一旦失去自由，便无以抵偿，而获得自由，便宠辱皆忘。另一些民族在繁荣中厌倦自由，任凭他人夺走自由，唯恐反抗会损害自由赐予的福利。

那么，这些人要想持续地拥有自由，还缺少什么呢？其实，他们所缺少的就是对自由的爱好。这种崇高的志趣不用我来过多解释，他们必须亲身去体会。自由会随时准备好进入那些爱好它的伟大心灵之中，它会填充这些心灵，并使其燃烧起来，发出耀眼的光芒。

而对于那些从来不爱好自由的平庸灵魂，就不必做徒劳的努力，试图让他们理解这一切。

■ 政治广角

真正的自由应当是毫无附加条件的

在当时，法国是所有欧洲国家中封建制度最完善的一个。在这样秩序井然的社会里，人们固守现实而不敢追寻社会理想，每一颗有着无限创造力的心都被牢牢地禁锢在旧制度的枷锁里。

这样的社会使得人们眼中只有赤裸裸的利益。他们以生存的需要泯灭良知与道德，以现实之名嘲笑理想，最终成为金钱的奴仆。他们不希求真正的自由，只是想着：如果只有一个主人，也许就能平等地生活。平等与自由本应是两个不分先后的事物，但是在这里平等明显占了上风。

　　这样的民族注定是可悲又可恨的。面对自由主义者，他们会问："自由能给我们带来什么？""谁在自由中寻求自由本身以外的其他东西，就只配接受被奴役的命运。"托克维尔的这句话是最好的回答。

· 第四章 ·

路易十六统治时期是旧君主制最繁荣的时期，何以繁荣反而加速了大革命的到来

本章导读

◎ 这个民族要动起来了！这并不是一时的回光返照，也不是躯体的片刻复苏，而是一种新的精神带来的强力推动——旧的一切即将解体，新的一切即将进驻。

◎ 在所有注定会为社会机器运作造成阻碍的因素之下掩藏着两种极为简单而强大的推动力：一个是虽强大有力却不再实行专制的政府；一个是已经脱胎为欧洲大陆最开明而自由的民族。

路易十六统治时期，是法国旧君主制最繁荣的时期。法国政府在大革命爆发前就开始进行角色转换，致力于"促进公共繁荣，发放救济金和奖励，实施公共工程"，让法国社会有了长足的进步。

尽管法国政府很努力地想为人民做点事，但是它仍不能除去专制政府所特有的弊端。民众始终没有政治上的自由，而他们又注重追逐经济利益。政府不断向民众

索取利益，不断将各种沉重而繁杂的捐税加在农民身上，贵族等特权阶级却可以免税，资本家也可以购买官爵来获得免税资格，这样农民与资本家、资本家与贵族之间互相分离并且矛盾重重。所以，农民虽然享有自由，可以蓄积财产，但这种自由是病态的，蓄积的财产得不到保障，一场革命势在必行。

"太阳王"路易十四称霸整个欧洲，并缔造了法国封建史上最鼎盛的时期，然而盛极必衰，法兰西的衰微迹象正是从此极盛时期慢慢显露出来。

从元帅沃邦①那篇关于政府统计表的短论里，以及总督们给勃艮第公爵的奏折中，我们可以隐约地嗅出法国社会中的腐朽味道：人口锐减、工业城市没落、土地收获大幅度下降、出产量减少近两成。由此可见，外表光鲜、不可一世的法兰西帝国内里已经千疮百孔。

在路易十四执政期间，他建立了一个以他为中心的专制国家，这种政体存在不少弊端，也造成法兰西社会大规模的贫困，当时的经济学家、社会学家以及总督、大臣、实业家们都认为整个法兰西只有巴黎仍然富庶且日益扩大，外省则在持续崩溃中。这是纵使路易十四死亡也不能改变的现实。在此种体制下，公共繁荣

---

① **沃邦**

沃邦（1633～1707），法国元帅、著名军事工程师。18岁参军，直至垂暮之年仍在服役。一生中指挥过40次攻城战，并全部取得胜利。沃邦修建或改建了众多要塞，以军事筑城方面的才能赢得了人们的尊敬。

不可能重现。

纵有众多学者的见解和论述摆在眼前，我也不完全相信 18 世纪上半叶的法国已经处在一个持续衰落的时期，在我看来，当时的法国社会只不过是没有长足的进步而已。

我目前所能看到的关于那一时期的政府文献中，清晰地记录了当时社会的状况：政府因循守职，缺乏创新意识，也不曾为改善居民生活做过半点努力，也没有出现任何想要变革社会的个人。当时的法国社会表面看来和谐平静，实则麻木不仁，这种状况一直持续到 18 世纪中叶。

其实，在大革命爆发前的三四十年里，法国社会内部已经出现了一丝似有若无的震动，若非细心观察很难窥见。渐渐地，这种震动变得越来越明显，越来越强烈，并不断向外扩大，速度也不断加快，身处其中的每个人都清晰地感受到：这个民族要动起来了！这并不是一时的回光返照，也不是躯体的片刻复苏，而是一种新的精神带来的强力推动——旧的一切即将解体，新的一切即将进驻。

这种新的精神使得每个人既惶惶不安又跃跃欲试。他们想要冲破现有的一切，获得一种与现在完全相反的新生活，却又担心希求的一切不过是个一碰即破的幻梦。

新精神无孔不入，连政府内部也有所渗入。有心人会发现，那段时期，政府表面上一如既往，内部却已经多多少少出现了不同程度的改变，如当时的法律没有经过重订，但是法律的执行和几十年前有了很大的不同。

我在其他文章中提到：1740 年的总督与 1780 年的总督有着相

同的职位、权力以及执行权力时所表现出的专横，却有着不同的目的和作为：前者不过是负责在所辖地区征募兵员，征收军役税，并运用手段保证所辖地区居民个个驯良，能够顺从政府的意愿；后者显然比前者要忙得多，不但要负责上面所说的所有事，还要对很多事情投注精力和关心，旨在增加公共财富。

总督关于增加公共财富的计划主要是从道路、运河、制造业、商业等领域下手，而农业则成为重中之重。亨利四世的重臣絮利公爵的治国思想开始在 1780 年的法国行政官员中产生影响，絮利公爵本人也成为当时官员膜拜的对象。秉承絮利公爵"法国要靠牧场和耕地两个乳房哺育，这才是真正的巨大财富"的思想，各地开始建立农业协会、创立赛会、颁发奖金。

人们常常会通过各种捐税的征收情况来揣摩统治者的精神变化，有幸活到 1780 年的人欣喜地发现这段日子与从前相比有了很多微妙的变化：虽然写在纸上的法律还是同样的严酷、专横、不平等，但落实到实际的时候则有了不同程度的改善，让每个人都有了一丝丝的轻松。

莫里安① 在他的著作《国库大臣回忆录》中说道："在我研究税收法之初，我不禁为其中种种严苛的条款而咋舌，如漏税一项，特别法庭有权对漏税人处以罚款、监禁、体罚等。而包税官更是一手遮天，仅凭几句誓词就可以控制几乎所有的财产和人身。幸好在为法典震慑之余，我没有放弃对现实的观察，很快我就发现法律文本和施行法律之间存在很大的差异，执法者们总是倾向于

---

① 莫里安

莫里安，法国银行家、政治家，著有《国库大臣回忆录》一书。

减罪或缓刑，而不是一味地照本宣科。"

这些端倪终于在 1787 年诺曼底省会议中被提到台面上，会议中说道："征收捐税确实会带给社会无穷的弊端和麻烦，但是，我们还是要正确地看待这几年关于征税的现实，不能对征税的实际分寸视而不见！"

在大量的文献中，我们能够看到这段时期法国社会自上而下对人的生命和自由的尊重。还有一种现象是前所未见的，就是对贫民苦难的真正关心：税务部门频繁地蠲免贫民的捐税，并给他们发放更多的赈济财物，而且绝不会在执行任务中对贫民施行暴力。

对贫民的关心和救济并不局限于税务部门，连当时的国王路易十六也有所动作，他不但增加所有基金，还经常设立新基金，专门用于在农村创办慈善工场和救济贫民。

我在现存文献中发现，国家经常在全国各地发放救济金，1779 年在上基那内一个财政区发放 8 万多里弗尔；1784 年在图尔财政区发放 4 万里弗尔，1787 年在诺曼底财政区发放 4.8 万里弗尔。路易十六有时还会亲自负责对救济基金的监管和使用。

然而，仅仅蠲免税收、设立基金是不够的，1776 年，御前会议召开。会议确定，如果国王的猎物在王室狩猎总管管区周围毁坏了农田，应向农民赔偿相应的款项。当会议制定赔款方法时，路易十六还亲自撰写了关于赔款方法的各项理由。当路易十六将写好的文件交给财政大臣杜尔阁时，说道："你看，我也要为我这方做工作。"

看到这里，我不得不说，当时的法国从君主到民众共同为后世描绘了一幅有违旧制度真容却比旧制度更为美好的景象。

正是有赖于统治者与被统治者在精神和行为上发生的这些变化，公共繁荣才能够以前所未有的速度发展起来。所有欣荣的景象都在证明一点：人口在迅速地增加，财富在更迅速地增长。

这期间，七年战争爆发，但并没有阻碍法国社会继续飞跃发展。虽然战争使得国家负债累累，但完全没有影响到个人发财致富的热情，每个人都更勤奋，更有事业心，更富于创造性。

个人的努力没有白费，这期间法国的工业发展迅速。与工业发展并行的是消费税范围的扩大，在路易十六统治的不同时期里，地租价格一直呈上升趋势，这从国家与负责征税的金融公司签订的不同协定中就能看出；在每年的结算书中，我们还会看到所有消费税所得每年递增近 200 万里弗尔。

若比较法国各时期的发展状况，人们就会发现其中的差异，法国的公共繁荣在大革命之前的这 20 年中达到顶峰，超越了之后的任何一个时期。如果非要找出一个时期能与这 20 年相媲美，那就只有实行立宪君主制的 37 年，即 1815~1852 年，那是一个和平而发展迅速的时期。

其实，这 20 年间，法国政府仍然存在许多弊病，工业的发展也遇到许多难处，但是法国社会依然能够让人惊奇地展现出一派巨大而兴旺的繁荣景象。这个现象被很多政治家视为政治经济领域的"百慕大"，因为他们无从解释。

看看法国那个混乱不堪的时期，你根本无法说服自己相信，在不平等的赋税制度、五花八门的习惯法、虚高的国内关税、专制的封建权力交织笼罩之下，法兰西没有死气沉沉，而是繁荣昌盛。然而不管怎样，法兰西已经富裕并全面发展起来，这是一个不争的事实。

若有心深究，你就会发现，在所有注定会为社会机器运作造成阻碍的因素之下掩藏着两种极为简单而强大的推动力：一个是虽强大有力却不再实行专制的政府；一个是已经脱胎为欧洲大陆最开明而自由的民族，这个民族中的每个人都能自由自主地发财致富，并无须担心已取得的财富。不要怀疑，仅仅这两种动力就足够保证整部机器的性能良好，从而全力朝着公共繁荣的目标运转。

路易十六仍然是一国之主，却早已对公众舆论俯首帖耳，他每时每刻都会受到来自公众舆论的启发，他还会不断向公众咨询，表示敬畏和恭维。即使法律条文中规定国王是专制的，但在法律的实施中国王反而受到更多的限制。财政大臣内克曾说："公众舆论在法国发挥的权威是其他国家很难设想的，这是一股看似无形的力量，却能够对法国国王直接发号施令。虽然这种情况在其他国家看来很难理解，却是法国国内最大的现实。"

有一种观点把人民的伟大和社会的强盛一概归因于法律机制的完善，这真是一种再肤浅不过的观点。要知道，一台机器的运转，不光靠每个零件的完美程度，更在于发动机的力量。拿英国来说，他们的行政法直到今天依然是非常复杂而不规则的，但是放眼欧洲，又有哪个国家比英国拥有更多的公共财产？又有哪个国家的人民比英国人民有着范围更广、更可靠，也更多样化的私有财产？更不用说社会的牢固程度和富庶程度了。而英国之所以拥有傲人的发展，这一切原因并不在于有着多么优良的法律，而在于推动整个英国立法的精神。要知道，生命是强大有力的，某些器官的不完善并不能摧毁整个生命。

法国社会的物质文明越是发展，越是繁荣，精神层面就越是不稳定：公众的不满在加剧，对一切旧制度的仇恨也在增长。整个法兰西民族内心的声音越来越清晰，他们在强烈地呼唤着两个字——革命。

看过法兰西旧财政区的档案资料，你会发现，大革命的发源地正是在全法国最富庶最发达的巴黎附近。在这些地区，旧的制度被改革得最早也最深刻，没有个人徭役，没有专横的行会理事①，没有无益的暴力，军役税更轻、更平等，居民的自由和财产受到尊重和保护，与卢瓦河流域、普瓦图沼泽和布列塔尼荒原那些旧制度保存完整的地区相比，这里简直就是人间乐园。而革命的战火正是在这个"乐园"里最先被点燃，这里的革命之火也是燃烧得最激烈、最长的。

很多人也许会感到奇怪：为什么法国人的处境越好就越觉得无法忍受，越想要反抗？其实这并不是法国人的独创，革命的发生并非总是因为人们的处境越来越坏。

历史上有着很多类似的景象，一直默默忍受着沉重枷锁的人民，一旦枷锁稍稍减轻，他们就会猛力地将它摘下、抛弃。历史的经验告诉我们：对于一个政府，尤其是一个坏政府来说，最危

---

① **行会理事**

行会理事，中世纪城市行会的领袖，由作坊主、商人和资深技师选举产生，一般采取轮选和任期制；后来随着城市自治，行会理事成为自治城市中实际的控制者。比如大革命前后曾属于法国的日内瓦，就是行会理事控制的共和国。

险的时候就是在它开始改革的时候。

人们长期浸淫在痛苦中，耐心忍受着，反而相安无事，若有人想要消减这种痛苦，就会使痛苦变得无可忍受。更甚的是，痛苦越少，感觉就越敏锐了，更容易察觉到其他流弊的存在，这时人们的情绪也会变得更加激烈。

封建制度在极盛时期并没有受到多少激烈的反抗，反而在灭亡之际受到了无数法国人仇恨的抨击。当时，戏剧家博马舍[1]因《费加罗的婚礼》公演而短期入狱，一时间在巴黎地区掀起巨大的民情激动。我们现在看当时法国人的作为，不免会有一种错觉：路易十六偶尔为之的专横举动似乎比路易十四所建立的整个专制制度更加罪大恶极。

人们不再说1780年的法国正在无可救药地走下坡路，人们满怀激昂地高呼：此时此刻再也没有什么能够阻碍法国的前进了。这是一次再真实不过的大逆转。20年前，法兰西人民对未来毫无期望；但20年后，法兰西人民对未来毫无畏惧。他们沉浸在自己对未来的想象中，一心朝着即将来临的前所未闻的幸福奔去。

推动革命的还有一个强有力的原因，那就是国家财政的管理。财政管理虽不断完善，但依然无法解决专制政府特有的弊病。路易十六努力促进公共繁荣，不断发放救济金和各种奖励，建设公共设施，服务大众，这一切使得国家财政开支与日俱增，但收入远远落在其后。

---

① 博马舍

博马舍（1732～1799），18世纪后期法国最著名的戏剧作家，其作品《费加罗的婚礼》对封建社会进行全面指责，拿破仑称之为"就是进入行动的革命"。

路易十六陷入了一场前所未有的财政危机中：他的债权人收不回债，他又不断向四面八方举债。路易十六的财政状况变得和他祖父在位时一样尴尬。

当路易十六的债权人是一件很辛苦的事，因为你不一定能拿到应得的定期利息，甚至连你的资本能否全额收回也是一个未知数。

当时，很多法国人购买政府公债，帮助政府建造军舰，维修道路等公共设施，给士兵提供粮草等援助。这本是利人利己的好事，但现实是，他们的钱没有偿还担保和期限，也不敢指望能拿到利息，就像在冒险一样，他们只能希望自己哪天突然有了好运气，那些签订的合同能够被忠实地履行。而当积怨渐深时，他们只有走上革命一途。

这20年中，法国政府开展了许多从前不敢想象的事业，也顺利地成为国内工业产品的最大消费者和各项工程的最大承包人，这正是法国政府前所未有的活跃表现。与此同时，和政府有金钱关系、靠政府薪金维生以及在政府市场中投机的人越来越多，一时间，法国国家财产和私人财产有了前所未有的紧密结合。在这种状况下，财政管理不善就不仅仅是一种公共劣迹这么简单，它已经成为法国千家万户都在面临的私人灾难。

其实，路易十四、路易十五时期的财政制度有着更为严重的缺陷，但是并没有引起人们这样的不满。政府和社会发生的这些变化使得人们内心也发生了变化，他们对社会问题更加敏感，对自己的财产更加热爱，对生活的需求更多，要求也更高。投机的欲望、发财的热忱、对福利的爱好会自动传播，于是，那些同样忍受政府财政管理不善的人联合起来，将怨恨一起向政府发泄。

任何社会中，贪财者、食利者、商人、工业家、批发商通常会结合在一起，因为他们有着共同的心理和作为：敌视新政策、热爱现存政府、顺从所厌恶的法律，等等。不过，在法国这场革命中，这个阶级却表现得最积极，并且最坚决，对整个财政系统的革命是他们最急迫的。

在一个膨胀着发财欲望的民族和一个不断刺激这种欲望的政府不断冲撞的社会里，浩劫将无可避免。而这个政府一边刺激着人们的欲望和热情，一边不断地从中作梗，就像刚点燃火把又将它扑灭。这等于从两方面来加快自己的毁灭。

■ 政治广角

不健全的社会发展是危险的

我们可以看到，路易十六统治时期社会经济和政府绩效都处于一个很高的水平，但当时的社会存在三种最主要的弊端：一是以官僚权威主义代表的行政集权；二是以政府为主导的经济发展模式；三是以实用主义为主的意识形态。正是这些弊端和不健全的社会发展将政府推向危险的边缘，也将路易十六推上了断头台。

公共繁荣和经济增长使法国人民对实现新生活的可能性有了新的认识，对新意识形态和新政府体制也有了深入的了解。人们的内心在这些新的认知中发生了变化，升起了对"政府做什么"

和"政府如何做"的新预期。

尤其在当时的法国社会中，个人主义盛行，而公益道德丧失，种种因素交织，不同利益阶层很容易发生冲突，从而催发社会动荡。

·第五章·

何以减轻人民负担反而激怒了人民

本章导读

◎ 劳动权是一切财产中最神圣的财产；一切有损劳动权的法律都是对自然权利的违背，都是无效的法律；现存的社会制度是古怪而暴虐的制度，是利己、贪婪、强暴的产物。

◎ 当内心保持平静时，他们绝对是这个世界上最温和、最仁慈、最驯良的民族；当猛烈的激情爆发时，他们就会瞬间变成最野蛮、最狂暴的民族。

从法国历史中，我们会发现一个问题：为什么农奴从来没有想过策划一场大革命彻底推翻整个奴隶体制？

在法国，有"革命"这种大胆想法的只可能是自由民。更加自由的制度确实提高了生产力，最终却变成了自己的掘墓人。路易十六的财政总监说道："原本可以用来维持一家人生计的土地被平均分给5～6个孩子，这些孩子以及他们的家庭此后完全无法依靠土地生存。"这又变成经典的"马尔萨斯人口陷阱"，自由的土地政策提高了粮食产量，但更多的粮食也孕育了更多的人口，可是土地并没有增加，大量没饭吃的年轻人最终要走上街头。封建制的保护功能萎缩，但束缚功能仍在。贵族的旧义务随旧权力而去，但仍保留了特权。

路易十四曾站在法国权力的顶峰，这以后的 140 年，人民就再也没有机会参与公共事务的任何决策。在当时，人们相信只有高踞人民头上的人能主宰这个国家的一切，而从来不信人民也能够用自己的力量为自己办事。

人民长久以来默默忍受着各种不平等，这种群体的麻木不仁使得有心改变人民命运的人也无可奈何。在当时，常会有一些人当着人民的面大谈特谈关乎命运、关乎自由、关乎尊重的理论，他们不怕任何人听到，只怕他们不能完全听懂。

至于政府官员、特权者，那些本应最害怕人民发怒的人，也把人民当聋子似的当着人民的面高谈阔论：他们描绘人民的苦难和报酬的低劣；他们痛斥那些残酷的、不公正的行为；他们相互揭发政府机构的种种罪恶。他们想用种种耸人听闻的辞令让人们明白一个浅显的道理：政府是人民身上最沉重的枷锁。

1776 年，路易十六试图废除徭役制，他在敕令的序言中说道："除少数几个三级会议省之外，几乎国内所有的道路都是由最穷困的人民无偿修建的，这些人除了双手和一身力气外别无他物，但是他们承担着比任何人都要重的负担。道路的修成对他们的生活没有什么直接的利害关系，他们所做的一切不过是在为那些真正有切身利益的特权者服务。由于修路，那些特权者的财富不断增长。在利益的驱使下，他们剥夺了穷人谋生的手段和生存的希望，迫使穷人为他们维修道路，无偿地为他们的利益劳动。"

在路易十六为穷苦人剪除劳役之苦的同时，政府正着手于工业行会制度的改革，以此来减少工人身上的痛苦。他们用国王的名义向全国宣告："劳动权是一切财产中最神圣的财产；一切有损劳动权的法律都是对自然权利的违背，都是无效的法律；现存的社会制度是古怪而暴虐的制度，是利己、贪婪、强暴的产物。"

这样的言论对于一个封建国家来说是危险的，而更危险的是这些危险而振奋人心的言论全是一纸空谈，因为几个月后，损害劳动者的徭役制和行会制度重新恢复。

让路易十六发表上述那些言论的是当时的财政大臣杜尔阁，他一上台就大刀阔斧地进行经济改革，如取消徭役制、取消工业行会、开放谷物国内自由贸易以及改革不合理的粮食税法、粮食运输规定、动物油专卖制等。

这些改革侵犯了封建贵族的利益，遭到了封建制度代表和既得利益集团的反对。1776 年 5 月，迫于皇室贵族官僚的压力，路易十六下令解除杜尔阁的职务。杜尔阁的一系列改革措施也宣告作废，国王之前的宣告和承诺再也无法向人民兑现。

1780 年，路易十六宣布：增派军役税必须公开登记。在宣告的旁注中，他特地说明："纳军役税者长期为军役税的征收所折磨，而那些意外增派的税额使得这些穷苦纳税者承担了远远高于其他臣民的负担。"

但是，此时的路易十六已经不敢将捐税一律平等，他至多只能在共同负担的捐税中推行征税平等。他妄图在贫富两极群体中找到一种平衡，既能减少穷人的负担，也能使有钱人不会觉得损失过重。

路易十六的想法过于美好，他想要保卫人民免遭无衣无食之苦，但又不敢彻底得罪他自身所在的特权阶级。他没想到的是，在这特殊的饥荒年月，这样的做法并不能满足人民的需求，反而是有意在刺激民愤。

在君主制的末期，不同权力之间的斗争愈演愈烈，各种问题浮出水面，而斗争的双方都一门心思地想撇清自己的责任，把人民所受的苦难推到对方的头上，1772年出现的粮食流通问题就是个极典型的例子。当时，图卢兹高等法院与国王曾就此事展开一场争论：图卢兹高等法院认为"政府的错误措施可能会导致大批穷人饿死"，国王那方也不甘示弱，马上反驳道："公众穷困完全是由高等法院的野心和有钱人的贪婪造成的！"

在当时，只要提到人民的现状，权力的双方或多方就像这样相互推诿，并且都在做着同样的事情——向人民的头脑中灌输一个相同的思想：他们所受的痛苦只应责怪上面。

这些斗争事件和言论在公开文件中都能够看得到，因为当时的政府和高等法院为显示自己的"清白无辜"，特意将这些文件大量印刷，四处张贴，以此昭告世人。

在与各派斗争的空隙，国王有时会不经意地道出与他的先辈和他本人有关的严峻真相。有一次，他说道："因为历代国王的挥霍无度，国库早已负担过重。许多明文规定不得转让的领地也已经被我们廉价转让了，只不过不去记载而已。"

还有一次谈话，路易十六不再谨小慎微，而是理性地剖析政府现状："工业行会不过是历代国王聚敛钱财的产物……尽管有很多方法能够减轻人民的负担，但财政管理部门还是会选择增加军役税，因为这是他们认为最秘密也最简便的方法。他们还会将一切归罪于当前的形势，让人民相信是形势造成无用的开支和军役税过分增长。"

看到这里，我不禁要思考，为什么从国王到政府要员可以随意讲出这些危险的言论？因为他们相信，即使人民听到这些言论也不会懂得其中的含义，所以，他们的话实际上是对那部分有文化、有教养的人民讲的，为的是让这部分人民相信那些为个别利益集团反对的措施是有利的。

虽然那些上层阶级是真心想拯救人民脱离苦海，却也不得不承认，他们表现出来的善心里其实藏着对下层民众的极端蔑视。这让我想起伏尔泰那位著名的情人——夏特莱夫人。伏尔泰的秘书曾说，夏特莱夫人经常在仆人的面前更衣，毫不避讳，因为她曾说过，她并不确信仆人也是人。

在当时的法国，当上层阶级开始关心穷人命运时，并没有想到他们有朝一日会对穷人感到畏惧；当他们为改变穷人的命运做努力时，也没有想到有朝一日穷人会将他们彻底毁灭。

1789 年之前的 10 年中，法国社会出现了一种吊诡的现象：不仅仅路易十六及其大臣会经常口出一些危险的言论，那些特权者在人民面前讲话时也是同样毫无保留，虽然他们不知道自己即将成为人民的众矢之的。他们同情人民，探讨人民的命运，不断研究救济人民的方法；大量揭露让人民受苦的种种弊端，猛力地谴责对人民造成危害的财政法规。

1779年法国部分地区召集省议会集中研究人民的生存现状，后来整个王国都召集了省议会来讨论相同的主题，如果你有机会读到这些会议记录和会议中的其他文件，你肯定会为文件那些善良的情意所感动，同时也会对文件中那些大胆而不慎重的词语感到惊讶。

1787年下诺曼底省议会对道路修缮问题做了详细的讨论，他们提出国王为修路所拨的款项都被用在富人身上，而对人民的生活毫无助益。而那些富人常做的是花费大量金钱使通往自己城堡的道路更宽阔平坦，却不关心市镇或村庄的入口是否更方便人民出行。

在同一会议上，贵族和教士分别描述了劳役制所带来的罪恶，并自发地捐赠5万里弗尔，作为改善乡间道路的专款。他们认为这些钱既可以使本省的道路畅通，又无须损害人民的财力和人力。

其实这些特权者并不是表面看起来这样慷慨大方，对他们来说，普遍捐税要比他们为徭役制所缴付的捐税少得多，而且，他们自愿出让的不过是因捐税不平等而得到的利润，他们美其名曰"捐赠"，实际上是想保留现存的捐税制度。可以这么说，这些特权阶级只是大方地抛弃了他们获益的一部分，却依然不肯抛弃那最令人憎恨的部分——捐税制度。

这种奇特的景象无独有偶。在另一些省的议会中，那些免纳人头税的地主们一心想要继续保有他们的特权，却又将军役税给人民带来的苦难描绘成一幅色彩暗淡的可怕图画，并大量印制，大肆宣传军役税的弊病。只是，在他们对人民的明显关心中依然有着对人民的明显蔑视。

虽然人民已经唤起了广大上层阶级的同情，但人民依然是上层阶级轻视的对象。即便是那个为人民办了很多实事的杜尔阁也不例外，他的讲话中常称农民都是些好闹事的粗鲁家伙。上基那内省议会也是如此，他们一直都在为农民做最热烈的申辩，却又大肆宣称农民是多么的愚蠢无知，多么的粗野无礼。

在那些公布于众的法令上经常会出现类似的冷言恶语，仿佛让人民看到也无所谓。其实，这种情况自古已然，在欧洲的加里西亚等地，上层阶级有着一套特殊的语言系统，与下层阶级完全不同，以致下层阶级完全听不懂他们在说些什么。那些封建法学家在缴纳年贡者和其他封建税的债务人面前表现出一种前所未有的温和、节制和公正，却在某些时刻将农民看作是卑贱的象征。

1789 年越来越近，对人民贫苦的同情也越来越强烈，越来越轻率。我找出 1788 年一些省议会发给不同教区居民的通告，想要从中找出他们提出的一切申诉。

其中有一份通告是由一个神甫、一个资本家、一个大领主以及三个贵族共同签署的。他们 6 人同为议会成员，以议会的名义行事。他们组成一个委员会，通过各教区的行会理事将全体农民召集起来，就所纳捐税的制定和征收方式等问题向农民征询意见。

这份通告称："大部分捐税，尤其是军役税和盐税，给农民带来了极大的灾难，所以我们要详细了解每一种捐税的弊端。"然而这些委员的好奇心并不止于此，他们还要知道：各教区享有特权的人数，以及他们享有哪些特权；免税人的财产价值多少；他们是否在自己的土地上居住；他们是否有很多教会财产，即永久管业基金，若不进行商业投资，这些价值多少。然而这些也不能让议会满意，他们还要知道实现捐税平等后，特权者需要承担多少数额的捐税，军役税、附加税、人口税以及劳役税。

这种满足议会强大好奇心的方式就是让人民口述曾亲历的种种苦难，而这种叙述让他们内心深处燃起贪欲、嫉妒和仇恨，也让他们认出造成这一切的元凶，并清楚地看到他们纵使高高在上也不足为惧。

那些委员们只顾着满足自己的好奇心而忽略了对法国人性格的了解：当内心保持平静时，他们绝对是这个世界上最温和、最仁慈、最驯良的民族；当猛烈的激情爆发时，他们就会瞬间变成最野蛮、最狂暴的民族，想想法国历史上曾经出现的扎克雷起义①、铅锤党人②和十六人委员会③吧，你就会得到一丝的启示：他们是在酝酿灾祸。

我找了一些农民答复这些问题的报告，在其中我们会发现，

---

① **扎克雷起义**

扎克雷起义，14世纪法国爆发的一次反封建的农民起义。"扎克雷"意为"乡下佬"，是法国封建主对农民的蔑称。

② **铅锤党人**

铅锤党人，14世纪时以铅锤为武器起义的巴黎人。

③ **十六人委员会**

十六人委员会，14世纪法国巴黎市民起义后，以市民领袖艾顿·马赛等人为首所建立的一个富裕市民自治组织，后来被镇压。

每一个特权者，无论是贵族还是资产者，他们的名字都清晰地记录在案，他们的生活方式也有详尽的描述，并附带着批判性的词语。

他们对每个贵族的财产和特权都做过仔细而深刻的研究，不光涉及这些财产和特权的数量与性质，还有他们给其他居民造成的伤害。人们越是估算越是羡慕，也越感辛酸：作为租金缴纳的小麦斗数惊人；神甫的薪水过多；教堂里做什么都要付钱；穷人连下葬也得交钱；每一项捐税都是为欺压下层民众而制定。他们一边估算，一边怒不可遏地抨击看到的一切。

他们说道："包税员搜查过每一户人家，在他们眼中农民的任何事物都可侵犯；军役税税收员是个暴君，他无所不用其极地欺压穷人，而且毫不掩饰自己的贪婪；执行官没有好到哪里去，老实的庄稼人都曾遭到他们的暴力相加；而征税员是个自私的可怜人，为了不让自己的财产遭毒手，只能去伤害那些与他朝夕相处的邻人。"

从上面这些描述中，我们可以看出，大革命在这场调查中已经向全法国人宣告了它的临近，而且它用自己特有的语言，向人们展现了它的全部面目。

很多人会拿 16 世纪的宗教革命与法国大革命作比较，两者之间存在一种十分明显的差别：宗教革命中，上层阶级投身于宗教革命多数是出于自身的野心或贪欲，而人民参与革命却是出于单纯的信仰；法国大革命恰恰相反，那些有教养的上层阶级受到无私的信仰和慷慨的同情感召，愤然投身革命，而人民却是在深刻仇恨和想要改变地位的强烈欲望驱使下开始革命的。前者用热情点燃了后者的怒火和贪欲，并给后者的怒火和贪欲以强有力的武装。

■ 政治广角

相对剥夺更容易失去控制

托克维尔在这一章中提出了一个问题：为什么减轻了人民的负担反而激怒了人民？这不禁让人想到美国学者斯托弗提出的"相对剥夺"理论。

所谓"相对剥夺"，就是指当个人将其处境与参照群体中的人相比较并发现自己处于劣势时，就会觉得自己受到了剥夺，从而产生不满情绪。有时，即使某一群体本身的处境已有所改善，但如果改善的程度低于其他参照群体的改善程度，相对剥夺感也会产生。这种相对剥夺感会影响个人或群体的态度和行为，让人产生压抑、自卑、嫉妒、愤怒等情绪，还会引发集体的暴力行为，甚至革命。

在法国社会中，贵族阶级一直享有各种优惠和特权，他们不仅垄断了法国的政府、军队和教会的高级职位，还拥有庞大的土地和财产，更重要的是，他们几乎不用纳税。

但是到 18 世纪，法国社会发生了巨大的变化，贵族们已经无法像从前那样维护他们的特权。随着经济的发展，法国民众的生活有了很大的改善，贵族们虽然被剥夺了政治上的特权，却依然享有经济上的特权，这让人民对他们的不满和厌恶越来越强烈。

随着经济实力的增强，法国民众，尤其是位于上层的资产阶级，已经具备了向贵族及其特权说"不"的能力。一旦人民大众被动员起来，站上政治舞台，一场激进的革命就势在必行。

·第六章·

政府完成人民的革命教育的几种做法

本章导读

◎ 一个充满暴力和冒险的时代正在靠近，那是一个蕴藏着危机与无限可能的时代，到那时，没有什么旧事物值得尊重，没有什么新事物不能尝试。

◎ 旧制度给大革命提供了许多可行而易操作的形式，革命政府取用之时又加进了它特殊的残忍。

我们可以看到，与托克维尔同时代的大部分思想家，包括今天的许多学者，都曾致力于批判法国大革命过程中的暴力、血腥以及对个人权利的蔑视，等等。但是，很少有人能够像托克维尔这样，窥见到大革命过程中的这些暴力、血腥以及对个人权利蔑视的内在，其实大革命中这些为人指摘之处都源自法国政府多年的"教导"。

在当时的法国社会，对农民的同情和对农民的鄙视一起公然出现在政府的公报和上层阶级的语言中是屡见不鲜的事。这是指引农民迈向革命的第一种教育。它描述了农民遭受的艰难处境，并为农民提供了一条看起来可行的出路，与此同时，却又把自己同农民隔绝开来。

旧制度以社会公义为名，建立了一整套践踏个人权利并以暴力解决争端的政治程序与机器，大革命不过是将这套机器加以利用而已。

其实，法国政府一直以来都在通过各种方式，努力地向人民灌输各种关于革命的思想，虽然它自己可能完全没有意识到。我们现在回头去看，会发现，法国国王是第一个这么做的人。国王向人民表明，在对待古老而看似坚固的制度上，我们可以给予其最大的轻蔑与不屑。

路易十五统治时期，君主制开始动摇。这位时而精力充沛时而怠懒懈怠的君主，在大力革新之余也不忘作恶，正是他这种充满矛盾和冲突的统治方式动摇了君主制，加速了大革命的到来。

与王权几乎同时代出现，一出现就与王权共同位于巅峰的高等法院土崩瓦解后，人民开始有了些模模糊糊的领悟：一个充满暴力和冒险的时代正在靠近，那是一个蕴藏着危机与无限可能的时代，到那时，没有什么旧事物值得被尊重，没有什么新事物不能被尝试。

比其祖父更善良、更有热情的路易十六在他整个统治期间都在忙于讨论和实现各种改革。大革命爆发之后，一切旧有的规章制度都被推翻，而对于大部分制度的毁灭，路易十六在此之前都曾有所预见。他也做过类似尝试，他将立法机构中几个最坏的制度除去，但是迫于各种压力，不久又将其恢复。仿佛他只是负责将这些坏制度指出，而指望别人来将它们连根拔起。

在路易十六亲自主持的那些改革中，有一些还没有准备充分，就被硬性要求改变的古老习惯，这破坏了封建集团的既得利益。这些改革尽管不充分，但还是为大革命做了不少准备，它们不但为大革命扫清了重重障碍，而且清晰地向人民展示了怎样动手进行革命。

这些改革都是出于国王以及大臣们单纯无私的好意，殊不知正是这样才危害最深，那些出于好意的、由好心人施行的暴力才是最危险的榜样。

路易十四曾在敕令中公开宣布：国家是王国所有土地唯一的、真正的所有者。那些依国家条件被特许出让的土地也归国家所有，除国家外的所有人只是身份有争议、权利不完整的土地占有者。这种理论来自封建立法，但并未被法院承认过，直到封建制度灭亡之际它才在法国开始传播。

在路易十四之后，每朝政府都会频繁地对人民宣传有关私有财产的理念，并劝诫人民应对私有财产持轻视态度。18世纪下半叶，公共工程建设成风，尤其是修路工程，当时的政府为修路不但强行占有了大量土地，还夷平了所有可能会妨碍工程的房屋。

不得不说，那时的桥梁道路工程师肯定十分热爱直线带来的几何美感，他们不肯让自己修的路出现哪怕一处弯曲。纵使他们明白一味地取直会毁掉无数的房产屋舍，也要成全自己的偏好。要知道，在这种情况下被破坏的财产是很难得到相应的赔偿的，而且赔偿费也没有明确规定，一切全凭政府的心情。

下诺曼底省议会从总督手中接管政府时发现，这20年中政府为修路而没收的所有土地都没有给予任何赔偿。在这个小小省份里这种欠而未还的债务多达 25 万里弗尔。这些受害者中只有小部分是大的土地所有者，大部分是一些小的土地所有者，因为土地分布散而广，所以涉及的人数众多。

每个所有者从这些切身的经历中清楚地感受到：在公共利益面前，个人权利是微不足道的，当公共利益要求人们破坏个人权利时，就只有放弃个人权利一途。当时的政府和人民都时刻牢记这一理论，所不同的是，政府将这个理论应用于他人，从而为自己谋利。

从前，几乎每个教区都设有慈善基金会①，这些基金会的目的是遵照创立者的意图，并根据其遗嘱指定的场合及方式救济居民，发放给村子的基金常用来资助邻近的济贫院。但是在君主制末期，政府的专断使得这些基金会不是被破坏就是被迫改变了初衷。1780 年颁布的一条敕令让人们清楚地看到政府丝毫不顾死人的意志。敕令中授权基金会、济贫院等机构变卖不同时期人们的遗赠，所得财产须上交国家，再由国家向其支付年金。

政府美其名曰是在让人们充分利用祖先留下的资源，实际上却是通过罔顾死人的意志来教唆人们破坏活人的个人权利。由此可见，旧制度下的政府对死人表现出的蔑视和不尊重是后无来者的，以后的任何一个政府都只能望其项背。

在那段时期的历史文献中，我看到征集制、食品强制出售、最高限价等旧制度下政府经常采取的措施陆续出台，农民的利益

---

① 慈善基金会

慈善基金会，这里指济贫院，是当时由教会或者国王出资建立的赈济、收容贫民的机构。

受到严重的损害。在饥荒出现的时期，政府预先设定农民为市场供应食品的价格，农民深觉约束和不公平，就不到政府管辖的市场来，政府便下达强制命令，如若不遵从，便处以罚金。

刑事法庭在处理与人民有关的案件时所依据的形式和所施行的方式也不尽如人意。当时的穷人在为保护自己的权利，与那些侵害他权利的有钱有势的人打官司时，通常能够得到公正的对待，这远比我们想象的更乐观，更有保障。但是如果穷人要与国家对簿公堂，就不一定会得到同样的待遇。我在其他文章中也提到过，当穷人的被告是国家时，他们就只能向特别法庭、有偏见的法官寻求法律援助，而无论怎样，他们得到的也只可能是走过场般的诉讼程序和不得上诉的判决。

"委派：骑警队队长及其副官全权负责缺粮时期可能爆发的一切聚众滋事和骚乱事件；他们有权处理相关诉讼案件，一经审判即为既无上诉权又无特赦权的终审；国王陛下禁止所有法庭过问此类案件。"这是一项御前会议的判决，这张纸在 18 世纪的法国从未失去效力。

在这项判决发布后的历史资料中，我找到一些当时骑警队队员的笔录，从中我们也可以看到，在当时，骑警队无须任何凭证就能够包围可疑村庄，闯入民宅，逮捕指定的农民。而一旦被逮捕就再无翻案的可能，通常是长期被监禁而不送审，即使敕令中要求所有被告须在 24 小时内受审。

1775 年，杜尔阁关于谷物的新立法激起了高等法院的反对和农村的大范围动乱。为镇压民间动乱，他经由国王许可颁布了一条严酷的法令。此法令不但剥夺了法院的审理权，还规定参与叛乱者直接移交重罪法庭处理，旨在以儆效尤。法令中还有这样的规定：凡是离开自己教区的农民须持有本堂神甫和行会理事签署的证明，未持有证明者将受到追缉和逮捕，逮捕后将受到与流浪汉一样的审判，一经审判，既无上诉权，也无特赦权。

我们可以将一个政府看作是一所学校，旧制度下的政府每天都在给人民上课，让他们学会分辨哪种刑事诉讼法最适于革命时代，哪种刑事诉讼法最适于专制暴政。现在看来，这无疑是一种十分冒险的教育。

18世纪君主制统治下，刑罚的形式虽然骇人听闻，施行的力度却总是温和有加。政府的目的是让人民畏惧，而不是让人民真正受到惩罚。当时的社会都习惯用温和的判决来掩盖恐怖的诉讼程序。毕竟越轻的刑罚，越容易让人忘记刑罚最初的宣布方式。

我手中掌握了大量的史实，所以我不怕在这里说出来，革命政府所使用的大量诉讼程序，在君主制最后两个世纪中所采取的针对下层人民的措施里，均可找到先例和榜样。旧制度给大革命提供了许多可行而易操作的形式，革命政府取用之时又加进了它特殊的残忍，如此而已。

■ 政治广角

革命是最彻底的改革

法国政府在长期以来的变革中，逐渐除去了从前那些能够保护自己的藩篱。路易十六的一系列改革使人民的负担越来越少，也正是在这种充满矛盾的统治中，人民接收到了新的信息：没有什么旧事物值得尊重，也没有什么新事物不能尝试。

　　当时巴黎是全法国经济最发达、苛政最轻的地区，大革命的枪声却最先从这里响起。负担减轻了，人们反而变得敏感，那些依然留存的旧制度桎梏让他们难以忍受。难怪托克维尔会说："对于一个坏政府来说，最危险的时刻通常就是它开始改革的时刻。"

　　除去了藩篱的旧制度仿佛在风雨中飘摇，而一个摇摇欲坠的制度，就如同悬于人们头顶的达摩克利斯之剑，让身处其中的每个人心中都笼罩着一层恐惧。对于温和与野蛮并存的法国人民来说，若想不在恐惧中生活，只有革命一途。

　　但是，革命总离不开暴力，革命的过程也总少不了鲜血。为了不让剑悬于顶，法国人终于挥舞着刀枪以一种摧枯拉朽的气势，将一切旧的，无论好的、不好的，全部毁掉。

·第七章·

何以一次巨大的行政改革成为政治革命的先导，其结果如何

本章导读

◎ 它们秉着想要改善一切的热情，希望能够一举变革旧的一切，迎来新的生活。殊不知，积年沉疴匡正不易，非一朝一夕所能完成。

◎ 命运车轮始终被同一些人用同一种方式推动着前进，车上坐着的是谁又有什么关系？他们的工作不是为了某一个特定的人，而是为了自己和整个社会。

从历史经验上看，面对不合理的社会现实，人们首先会要求改革，毕竟从社会代价来看，改革永远比革命付出得少。不过，一旦改革的要求得不到满足时，人们会愤而走向革命，这就是当时的法国选择革命的原因。

路易十六进行的改革，既不彻底又不坚定，还时常反复，让法国人民陷入一种慌乱而不安的情绪中，这种情绪一旦扩大，后果必定是摧毁性的。

任何只是开个头就没有继承措施的改革是最危险的。

所以，当一个政府开始改革的时候，最好制定一个改革时间表并公布于众，将改革的洪流纳入制度的河道里，让其顺利地奔腾，又不会有泛滥的危险。

大革命开始之前，法国内部就已经发生了很多变化，虽然政府的形式还没改变，但是规定政府事务以及个人地位的那些法律有的经过多次修改，有些直接被废除。

工人和雇主的旧关系随着行会理事会的废除和不完全的恢复而出现了巨大的转变，这种关系开始出现不确定、不自然的迹象。在主日警察消失之后，国家的监护一直不稳定，这也使得夹在政府与雇主之间的手工业者处在一种尴尬的地位，他们不能确定到底是该倚靠政府还是老板，也不知道这二者当中谁能保护自己、容纳自己。

一时间，整个城市的下层阶级都万分迷茫，仿佛陷入一种无政府状态。但是随着人民重新登上政治舞台，之前的这种形势会导致严重的后果。

大革命爆发的前一年，国王又发布新的敕令，于是管理司法秩序的所有部门顺理成章地出现了新的混乱：新的法庭大批设立，旧的法庭大批被废除，各法庭管辖权的规定也一一被更改，需要人们重新去习惯。要知道法国的不同之处就在于，负责审判与执行判决的人数太过庞大，我可以毫不夸张地说，当时整个资产阶级都与法庭有着千丝万缕的关系。

新的敕令给申诉人带来更多的不便；法律及其职能部门的变更使得千家万户的处境和财产陷入了始料未及的混乱，也让他们的地位受到新的威胁。经过这场司法革命，人们发现要想重新找到有用的法律和应该审判他们的法庭变得难上加难。

严格意义上说，这场司法革命的影响力并不广泛。政府在1787 年进行了一场彻底的改革，并在公共事务中引发了极大的混乱，这回是真正地触及了每一个公民的利益，连同他们的私生活也不放过。

我在前面提到过，法国 3/4 地区的政府都由一个人管理，这个人就是总督。总督不受任何人的控制，直到 1787 年，省议会出现在总督的身边，这时的总督也就变成真正意义上的地方行政官员。每个村子里选举出的镇政府取代了旧教区议会，在很多地区，镇政府还取代了行会理事。

显然，新立法与旧立法是完全对立的，这就意味着事物的秩序，连同人们的相对地位都被彻底地改变了。新立法表现了前所未有的强硬性，它必须在同一个时间，以近乎同一种方式向各地推行，旧有的惯例和各省的情况并不在它的考虑范围之内。到此处，我们就会发现，这个行将就木的旧政府已经表现出很多中央集权制的特性。

然而有一点不可忽略，那就是习俗在政治机构中所起的作用：人们长期以来沿用的、模糊的、复杂的法律，要比这新出台的、看上去更为简化的法律用起来更顺手、更容易。

旧制度下，法国内部各种权力常会根据各省的情况而做出相应的变化，每一种权力并没有十分明确的界限，每一种权力的工作范围也常会与其他权力相重合。然而，在长期处理事务的进程中，人们已经逐渐确立了一套得心应手的工作秩序，这其中夹杂着很多与习惯等相融合的因素。相比之下，有着明确界限的新权力应对更大的混乱时，常会因相互抵触而变得更加混乱复杂，也会因相互抵消而变得软弱无力。

新法律中还隐藏着一个致命的缺陷：它设立的权力都属于集体权力。这也使得整套法律从一开始就难以执行。

一直以来，人们已经习惯了旧君主制度下的两种制度：一种是行政权力交由个人处理，无须议会的协助；另一种是如果议会存在，行政权力就不能委托给任何个人，我们可以在三级会议省以及某些大城市里看到类似的情景。在那里，议会统治和监督各类行政部门，并亲自治理大小事务，或任命临时委员会协助治理。

人们从未想过将这两种制度合二为一，理所当然地认为一旦抛弃一种，就只能采用另一种。在这样一个开明的社会里，这样的想法让人感到匪夷所思，毕竟将两种制度结合并不是多么艰深的问题。

国民公会里实行着同三级会议省和小城市一样的制度，政府将习俗带进行政办公室，政府在憎恨旧制度的同时却又对其忠实地遵奉。这种长久以来的对两种制度的拆分而不是区分，终于酿成了一场大的灾祸：从前不过是一场场僵局，现如今却突然出现了恐怖统治。

1787年，省议会取得自治权，此时省议会拥有空前的权力：在中央政府权力之下，省议会有权制定军役税和监督征收军役税；决定公共工程的兴建；直接统辖公路与桥梁工程局；监护村社；规定下属部门的工作事项；向大臣汇报成绩，并一手控制奖赏的分发；负责大多数诉讼案件的初审，等等。对于首次拥有行政权力的省议会来说，这些职权多多少少不适合当时的政权。

此时，总督虽然被允许继续存在，却已经被剥夺了一切权力，为了不让总督无事可忙，就给他分派了个帮助和监督议会的工作。对付总督代理也是一套差不多的做法：区议会代替了总督代理的位置，同时区议会又需遵从省议会的领导。现在看来，当时的一切是多么混乱。

我翻看1787年创立省议会的法令和会议记录时了解到，省议会甫一登场，就与总督开始了各种明争暗斗。正所谓"强龙压不过地头蛇"，老谋深算的总督处处刁难初来乍到的继任者。这边议会抱怨总督的不配合，那边总督指控议会成员篡夺他的新职权。有时议会将总督治理不善的证据公布于众，有时总督嘲讽议会办事能力不足、优柔寡断。

省议会和总督就这样不停地互相指责，互相拆台，以致政府的工作进程越来越缓慢，有时还被迫停滞，很多与公共生活相关的进程也被中断了，人民的生活也受到不少影响。

与总督的斗争中，省议会并没有占得上风，在其他方面，这些新成立的政府部门也表现得不尽如人意。初上台，省议会就表现得过分活跃、过分自信。"新官上任三把火"，它们秉着想要改善一切的热情，希望能够一举变革旧的一切，迎来新的生活。殊不知，积年沉疴匡正不易，非一朝一夕就能完成，但是这些议会成员显然被内心骚乱的热情冲昏了头脑，没有认清这个现实，结果弄得一团糟。

一直以来，政府在法国社会占据重要的位置。我可以毫不夸张地说，法国社会的个人或团体都与政府有着不可剥离的利益关系，他们都明白一个道理：如果政府受到损害，他们自身也不可避免地要受到损害。在每个人心里，政府是人民的衣食父母，是社会福利的保障，是社会安定的维护者。政府的存在是个人事业成功的保证，是各行各业良好运营的可能。

但是这个新政府似乎并没有带给人们这种安全感，它表现出的种种软弱无能，以及它自身的弊端，都让人们感到惶惶不安。

新政府的弊端在农村尤为突出。新政府的出现一下子打乱了农村的权力秩序，也改变了人们的相对地位，使各个阶级之间的对立冲突出现前所未有的激烈战况。

1775 年，在农村行政制度改革中，杜尔阁发现，捐税不平等是农村行政改革最棘手的问题。在当时，教区的首要事务就是对捐税的制定、征收和使用，但现状是每个教区都存在三种不同身份的人：无须缴纳军役税的贵族和教士、全部或部分免纳的农民和纳全部军役税的人。居民依据捐税的差异而自动划分为不同的集团，这些集团之间是界限分明且相互敌对的，好似三个完全不同的集团，而每一个集团都要求单独配备一个政府。如何使这些人共同为教区事务尽心尽力呢？这显然是个非常大的难题。

杜尔阁认为，要想给农村一个自由的小政府，从而实现集体行政，最先要做的就是改变捐税摊派不均的问题，使居民缴纳同一捐税，从而缩小各个阶级之间的差距。

农村的行政改革酝酿了很久，直到 1787 年才终于实现。但是，改革政令上写的是一套，政府做的却是另外一套。在农村的教区内部，旧的捐税制度依然存在，三个集团也依然水火不容，虽然他们都有了行政事务的参与权。

于是，新政策下的农村出现了一系列怪现象：政府设立选举团，从三个阶级中选出选举团成员，并将全部的行政权力移交给选举团。这一举措等于赋予了下层民众话语权。

　　当时的新政令规定：选举市政官员，规定贵族和教士阶级不得出席，只有第三阶级有权选举他们的代表。但是市议会选出后，你就会发现领主和神甫都位列其中，而有些领主甚至亲自主持市议会，即使他们从未参与市议会的选举。

　　好在身为市议会主席的领主也要受到牵制而不能只手遮天。他们不能参与部分法案的制定，如制定军役税时，位于上层的两个阶级都无权投票表决，因为在市议会看来，免税的他们与军役税毫无关系。

　　为了避免市议会主席在议会中发挥某些间接影响，从而破坏第三等级的利益，连他的佃农的票数也不能计算在内。而且除非经由农民选举，教区内的其他贵族不得进入市议会，参与市议会的日常事务。因为规章中明确注明：市议会是平民的，是代表第三等级的利益的。

　　领主地位一下子有了翻天覆地的变化，从前臣属于他的人，突然变成了他的主人，而他成了他们的阶下囚，还要处处受制于他们。这种方法使得所有人更清楚地看到他们之间有何差别，他们的利益何等对立。

　　在这些政策措施的推行下，农民逐渐形成一种势力，教区内部的重要居民，甚至贵族，开始慢慢向农民靠近，试图与农民打成一片，握手言欢。当时，有一位巴黎附近村庄的领主就苦恼于不能作为普通居民参加教区议会的工作。

不同于贵族们的积极和热情，农民们表现出一种拒人于千里之外的孤立态度，存心不接纳他们的靠近：有些教区拒绝接纳领主参加市议会；有些更为苛刻的市议会甚至连已致富的平民也不予接受。

我们可以看到，在国家的主干之外，有些枝杈已经开始萌发新的绿芽，虽然不知日后的长势如何，却也是让人欣喜的迹象。

这场对行政规则的大规模革新在政治革命开始之前突然到来，迫使人们放弃了许多旧的习惯，也为即将到来的真正的革命埋下了种子。今天，法国人民已经忘记了这场变革，但是也不得不承认它是法兰西民族历史上空前的动荡之一。

也正是这次变革使得法国大革命独树一帜，完全不同于其他各国的革命。英国的第一次革命虽然撼动了国家的整个政治结构，连君主制也废除了，却几乎没有改变任何司法和行政上的习俗和惯例，不过是在表面浮光掠影般地做了些小改动。从文献中可以看出，即使在内战最激烈的时候，由 12 位法官带领的巡回刑事法庭也不曾中断，依然保持一年两次的频率。这场革命受到局限，未能激荡整个英国社会，尽管上层建筑在风雨中飘摇，基础却依然牢靠，岿然不动。

自 1789 年以来，法国陆续发生了许多将整个政府结构彻底变革的革命，而其中大部分都是依靠暴力来完成的，而且是速战速决。

虽然这些革命对现存法律进行了大肆的破坏，但行政结构依然存在于政治废墟当中。虽然君主和中央政权的形式被改变了，但是日常事务的进程从未被中断或打乱。我们可以这样形容：每次革命虽然砍掉了政府的脑袋，却让政府的躯体完好无损地存活着。

我们可以看到，即使在风云变幻的革命中，每个人依然循着自己熟悉的步调，继续进行着各种未完的事务。同样的行政官员仍然执行着同样的职能，虽然他们时而以国王的名义，时而以共和国的名义，时而以皇帝的名义进行审判和履行职责。

命运车轮始终被同一些人用同一种方式推动着前进，车上坐的是谁又有什么关系？他们的工作不是为了某一个特定的人，而是为了自己和整个社会。这样的好处是，一旦革命平息，整个社会就能迅速地恢复正常。

政府在大革命爆发之际被彻底推翻，一时间，新的政府里坐满了新的官员，充满了新的准则和规定。本来已经恢复平静的法国也随着起了些微小的波动，每个法国人都清晰地感受到这种特殊的波动。每个人的地位不同了，就意味着每个人都要适应新的位置，寻找新的习惯。人们在一片恐慌中茫然地活着，他们不知道该听命于谁，该找谁小事，该如何行动。

整个国家处于一片失衡的混乱中，这时，只要轻轻一击，它便会如风中的落叶般狂抖，这才是法国历史上前所未有的大动荡。

■ 政治广角

不能忽视改革的风险性

大革命前夕，路易十六在法国全境内进行了一系列改革，包括行政改革。但因改革期间不断出现反复，而没有获得真正的成功。

在当时的法国社会中，人们看到没有什么东西是固定不变的，每个人都苦心焦虑，生怕地位下降，并拼命往上爬；金钱成为区分贵贱尊卑的主要标志。金钱具有一种独特的流动性，它不断地易手，改变着个人的处境，使家庭地位升高或降低，因此在这个社会中的所有人无不拼命地攒钱或赚钱。专制制度从本质上支持和助长了这种感情。

政治权力斗争的公开化引来人民的不信任，带来了革命的危机；不注重个体权利，崇尚为伟大理想、为公义牺牲自我利益的教育充满了革命性，在受教育者心中孕育了革命的种子。所以，说路易十六的行政改革是政治革命的先导，一点不为过。

· 第八章 ·

大革命如何从以往事物中自动产生

本章导读

◎ 对不平等的仇恨是一种猛烈的、难以遏制的感情，只要社会中有不平等存在，这种仇恨就不会消失，反而会越积越深。

◎ 最先征服人心的是对平等的热爱，这种热爱始终存于人们的心中，与那些最珍贵的感情并驾齐驱。

法国的国情有着不同于欧洲其他国家的特殊性。如果同英国的社会现状相似，那么法国人也能够在不废除旧制度的前提下，仅仅是通过温和的变革来逐渐改变体制。但是，法国的情况太过特殊。

整个法国社会中缺少保护个体的中间组织，弱小的个体只能仰仗政府安身立命。但是，对财富的追求使人们不愿意献出精力和财产去参与公共事务，他们需要一个强大的政府来为他们谋求福利、保障财产。在这种高度原子化的社会中，人与人之间的联系并不那么紧密，他们更多地关注自己的个人利益。专制制度夺走了人们身上共同的情感、相互的需求以及一切共同行动的机会。

　　每一天，每一个法国人都会在财产、人身、福利或自尊方面受到某种旧法律、某种旧政治惯例、某些旧权力残余的妨碍和伤害，而且在这些伤害中，他们根本看不到任何能够采用的"药方"，来医治这种特殊的"疾病"。面对这种破败腐朽的旧制度，法国人民只有两条出路：要么全盘接受，要么全盘摧毁。

　　这本书写到最后，我想对我前面所说的一切加以总结和归纳，也让大家能够更加清楚地理解，为何我会说法国大革命是从旧制度中自动产生的。

　　如果你能够看到法国封建制度与其他国家封建制度的不同，就不会怀疑这种彻底摧毁古老政体的革命为何只可能发生在法国了。虽然法国的封建制度本身仍然有其劣性和弊端，却已经不再是那个只为保护封建阶级利益而存在的制度了。

　　细心的人会注意到，在法国有一种特殊的现象：失去政治权力的贵族会变成一个从属阶级，他们仅仅能得到豁免权和金钱上的利益，不能够再领导人民，不能够参与日常的行政事务。他们将中产阶级排除在外，而人民也不接纳他们，渐渐的，贵族阶级在整个民族中陷入了一种完全的孤立境遇。

　　虽然他们与任何人都相安无事，却依然让法国人民深恶痛绝，人民不能忍受这样一群占有大量财产，享有特权的人。正是这种憎恨滋生了法国民众源源不绝的民主愿望，让他们决心将存在了千年的贵族阶级彻底推翻。

我曾经详细地论述过，国王政府是如何将中央权力集于一身的。在废除各省自由和取代 3/4 地区的地方权力之后，国王就开始事无巨细地将国家事务揽于己身；他还一手将首都巴黎变成国家的心脏，最严重时，巴黎简直就是整个法国。从这两个特殊的事实中，我们完全能够明白，为何法国大革命一经爆发就能彻底地将看似坚不可摧的君主制一举毁灭。

长久以来，法国可以说是完全不存在政治生活的。除少数掌权者外，法国人民都不具备任何处理政治事务的能力，更别提有关人民运动的经验，在他们心中甚至没有"人民"这个概念。从这里，我们就能够轻松地想象出，为何法国人会完全地投入一场他们根本无法理解的暴力革命，而且走在革命最前列的还是本该与革命相对立的人，也正是这些人做了开辟和扩展革命道路的重要工作。

在革命的酝酿过程中，没有自由制度的理念，也没有不同的政治阶级和政治团体，更别提领导革命的政党，可以说大革命进程中没有任何正规力量的参与。那些不断宣传思想和理论的哲学家、思想家、作家反而备受瞩目，人们以哲学家的抽象原则和普遍真理为口号，以作家勾画的未来社会蓝图为最高理想，他们都坚信：不是只有坏的才会受到攻击，而是一切旧的都要受到攻击！所以有人说，法国大革命不是由某一个具体事件为引导的，而是由一种非常普遍的理论引导的。

还有一个不容忽视的问题出现在大革命面前，即宗教问题。在当时，教会与一切旧制度有着十分紧密的结合。这也就意味着，革命在推翻旧制度和旧政权的同时，势必会使宗教受到同样的震撼和动摇。那是个人人有信仰的时代，谁也无法想象，人们一旦失去了宗教的庇护和束缚，他们的精神将会受到怎样的冲击。

不过，深悉法国历史的人都会有所了解，法兰西民族是一个温和与暴烈并存的民族，他们敢于尝试一切鲁莽的行为，也能够包容一切暴力。在《法国革命思考》一书中，我们可以看到，当大革命来临，没有人为君主制的一切抗辩，他们早已将自己抛向新的世界。

要说是旧制度将人们抛向新制度也不为过，因为，旧制度政府的所作所为让法国人不存任何留恋和希望。

大革命突然来临，即使在法国全范围寻找，也找不到与之对抗的人，只有以国王为代表的中央政权孤独地站出来，想要做些什么来阻止或是延缓革命的发生，然而此时，任何动作都是枉然。

18 世纪的法国是一个备受鼓吹的时代，那时的法国，君主仁慈、宗教宽容、政府人道、执法温和。令人无法理解的是，为何会从如此和煦的风中产生如此惨烈的革命，要知道，这种温和的风并不是假象。大革命结束后，同样的温和在当时所有的新法律中都有体现，也迅速地渗透到所有的行政习惯中。

法国革命的奇怪之处就在于温和的理论与强暴的行为所形成的鲜明对比。这是因为民族中最有教养的阶级为这场革命做了良好的前期准备，而革命的真正行动者却是民族中最粗鲁、最野蛮的阶级。看到这样的分析，你就不会再为法国革命的种种怪异之处感到惊讶了。

那些有教养的人从未控制过人民，所以当旧政权被摧毁时，他们也没有能力成为领导者，因为，这些人之间是孤立的，没有联系的。相反，从来都是紧紧抱团的人民会立即成为领导者，并会迅速地将他们的精神赋予政府。

在旧制度下人民怎样生活，决定了新制度下人民会成为怎样的人，因为特殊的处境会赋予人民特殊的性格。如果人民一直拥有自由和土地，即使彼此孤立也能够很好地生活，那么他们就会表现得坚定而节制，并对自己的力量有一定的自负，对生活的享受也有一定的漠然，这样刚毅的人民会是最强大的队伍。如果人民一直承受着政体和制度带来的沉重负担，一直受到种种不公平、不平等的对待，他们的内心就会充满愤怒和仇恨，变得冷酷无情，信任暴力。

对不平等的仇恨是一种猛烈的、难以遏制的感情，只要社会中有不平等存在，这种仇恨就不会消失，反而会越积越深。这种有着深远渊源的感情，长久以来一直以一种持续而强大的力量催促着法国人去彻底摧毁与旧制度有关的一切，还要他们扫清障碍后，去建立一个人人平等的新社会。法国人心中的另一种感情则是对生活平等和自由的追求，这种感情的根基就不如第一种感情那么牢固。

这两种感情真诚而强烈，当它们碰撞在一起，就会融合成一种强大的激情，这种激情砥砺法兰西的人民，帮助他们勇于点燃革命的战火。

1789 年是一个热情而宽容的年月，又是一个永世难忘的雄伟时期。在那些目睹和亲历了那个时代的人逝去后，我们一直都没有停止仰望它，我相信，在我们逝去之后，会有更多的人以同样崇敬的目光仰望那个时代。

大革命之后，法国人内心生出了深深的自豪，他们看着自己创造的事业，更加相信他们以及法兰西的千秋万代都能够在自由中平等地生活。所以，在他们亲手建立的民主制度中，他们还设立了自由制度。他们毫不留情地粉碎了所有陈腐的法律，连一些刚刚颁布的新法律也不放过。那些在王权的授意下制定的新法，剥夺了人民的人身自由，这等于是在每个人身边安插一个监护人和压迫者。

但是，极度的自由违背了自然的规律。当发动革命的那代人被摧毁或被赶下台后，种种问题就会浮出水面。整整一代人都在无政府状态和人民专政中受到不断的挫伤，渐渐地，他们变得慌乱而软弱，这种状况在历史上常有发生。

于是，我们会看到，不安的民族开始重新在迷茫中摸索自己的道路，这样就为专制政府提供了重新建立的大好机会。我们不得不承认，拿破仑是一位军事和政治上的天才，这大好的机会就是被他发现，并牢牢地抓住的。这位大革命的继续者与摧毁者最终很好地利用了这次机会，建立了一个新的专制国家——法兰西第一帝国。

其实，在路易十六时期，法国政府实行的规章制度就已经有了近代的风格，它们同样追求平等，这也使得这套规章制度很容易在新社会中确立，不幸的是，它也为专制制度提供了某种特殊的方便。

迷惘的法兰西人民钻进制度的废墟中寻找着这套制度，因为这些制度中保留着从前那些让人们屈服的习惯、思想和欲望，人们找到它们就迫不及待地将它们复苏，向它们求助。

但是，当这套制度重新建立的时候，过去限制它的那些阻碍没有一起复苏。于是，一个比历代封建君主更强大的政权从这个民族的深处被催生出来。

这个政权前所未有的庞大和完备，当然，它也有着前所未有的成功和专制。只是当时的人们忙于眼前的事物，急于将自己托付，而完全忘了去思考过去和未来。他们完全没有想到，自法兰西第一帝国建立，无论多少次他们像1789年这样去推翻专制政府，都没有得到从前的成功。即使统治者垮台了，政府被推翻了，但是最本质的东西依然存活着。

从大革命到今天，法国人民对自由的追求仍然不倦，但都是轻易就会消逝的，只是反复地出现在人们的心中，像一个遥不可及的梦。而在同一时期中，最先征服人心的是对平等的热爱，这种热爱始终存在于人们的心中，与那些最珍贵的感情并驾齐驱。

随着现实的变化，对自由的追求会有所不同，但是对平等的热爱有着始终不变的执着，这种执着往往近乎盲目，这种执着也使得人们能够专注于同一个目标，并乐于牺牲一切。

对那些只对革命本身有兴趣的人来说，法国大革命代表着一片黑暗，而为大革命提供指引的灯火则出现在大革命以前。但是，在我看来，如果对旧社会以及它的法律、流弊、苦难和伟大没有清晰地审视，就绝对不能对旧制度衰亡以来的60年里法国人的所作所为有深刻的理解。

理解是一方面，若要解决问题，还要深入到整个法兰西民族的性格当中。每当我思考这个民族本身时，我都会发现，1789年的革命比历史上的任何事件都要震撼人心。这次革命中充满了对立、走极端、感情用事、不按常理出牌等值得深究的因素。但是，它又总是出乎人们的预料，让人很难用人类革命的一般水准来衡量它。

　　法兰西民族的秉性经久不变，它的模样经过两三千年也依稀可辨，但是它的日常想法和心情好恶又是变幻莫测的，有时候连它自己也难以预料。独处时，它深居简出，因循守旧；走出来时，它又毫无畏惧，仿佛可以走到天涯海角；它桀骜不驯，却又能够默默忍受专横和强暴；它倏尔反对逆来顺受，倏尔俯首帖耳臣服于人；不反抗时，它可以随意被什么牵着走，一旦开始反抗，又会一发不可收拾，反抗到底；它从未拥有完全的自由，也从未被人彻底奴役。这是一个充满各种矛盾和冲突的民族。

　　法兰西民族最善于做的事就是战争，在它眼中，机遇、力量、成功和喧闹，远远胜于真正的光荣。但是谁也不能否认，它是欧洲各民族中最光辉也最危险的民族，它天生就令人赞美也令人仇恨，让人怜悯也让人畏惧，但绝不会令人无动于衷。也只有这个民族才能造就这样一场迅猛而彻底的革命，并让这场革命充满反复、矛盾和冲突。

　　现在，在这场革命的门前，我停住了脚步，我已经不想走进去看看门后的景象。也许不久以后，我将走进那扇门的后面，那时，我会放弃对革命原因的研究，我将考察革命本身，并大胆地评判这场革命所产生的社会。

■ 政治广角

平等的血腥与罪恶

正如历史学家黄仁宇曾在《资本主义与二十一世纪》中分析的那样，法国在追求平等与自由的道路上可谓是血流成河、天翻地覆。如今，很多学者都在诟病法国大革命中的暴力、血腥，认为它摧毁了人类社会过往全部的文明和制度，还引发了一连串的罪恶和悲剧。

不同于讴歌大革命的学者，也不同于否定大革命的学者，托克维尔对大革命既无赞美也无贬抑，既不像史学家那样去翔实地叙述它，也不像思想家那样以各种主义和概念去定义它。

经过对整个事件的分析解剖，托克维尔感慨道，那些支持并且投身革命的人们一直憧憬着一个与过去截然不同的崭新世界，于是，他们坚决地把与过往有关的一切都抛在这场革命的身后。谁知，他们最终发现，自己不过是在用那些废墟中的瓦砾重建他们曾经梦想的平等大厦，在大革命之后的共和国中，我们可以清楚地看到诸多旧制度的影子。